# DER MANN,
# DER 7 MAL VOM BLITZ
# GETROFFEN WURDE

GRUBBE

Hartmut Grawe

# Der Mann, der 7 Mal vom Blitz getroffen wurde.

Tage, die Geschichten schrieben.

# Inhalt

# Vorwort

Der Tag und seine Geschichte – das ist das Prinzip der Sendereihe »Neun vor Neun«, die seit 2011 im Programm Bayern 1 des Bayerischen Rundfunks ausgestrahlt wird. Jeweils eine Minute lang blicken wir zurück auf wichtige, seltsame, kuriose und oft nicht so bekannte Ereignisse und Anekdoten, die mit einem ganz bestimmten Tag verknüpft sind. Dieses Buch ist eine Sammlung besonders bemerkenswerter Geschichten aus der Sendereihe.

Die Themen der Reihe stammen aus allen Lebensbereichen. Sie ergeben sich zum Teil aus chronologischen Listen, etwa der Themendatenbank der ARD, des Deutschen Rundfunkarchivs, der dpa und nicht zuletzt aus den äußerst umfangreichen Ereignisvermerken in verschiedenen Ausgaben der Wikipedia. In Listen dieser Art finden sich aber durchaus Fehler, die anschaulich zeigen, wie der Staub der Geschichte den Blick im Lauf der Jahre eintrübt: Fand ein Ereignis wirklich am vermerkten Tag statt – oder ist vielleicht das Datum eines Zeitungsartikels hängen geblieben, der nachträglich über die jeweiligen Umstände berichtet hat? Um solche Ungenauigkeiten aufzuspüren, aber mehr noch um wichtige Seitenaspekte zu finden und entscheidende Augenblicke möglichst anschaulich wiederzugeben, reicht die Recherche trotz der Kürze der Texte tief. Wo immer möglich, habe ich »Primärquellen« herangezogen, etwa Originaltexte von Patenten, Schiffslogbücher der Entdecker, wissenschaftliche Veröffentlichungen

Memoiren. Hinzu kommen möglichst viele unabhängige verlässliche Sekundärquellen, also Zeitungs- und Magazinartikel, Bücher, Museumsexponate.

Der Schlüssel zu diesen Quellen ist, natürlich, das Internet. Im Lauf der letzten Jahre wurden erstaunlich viele historische Schriften digitalisiert und zugänglich gemacht. Der Zugriff auf solche »Digitalisate« erspart (leider) die Weltreise und hat die Sendereihe in der vorliegenden Form erst möglich gemacht. Für deutsche Themen nach 1945 sind die Archive des »Spiegel« und der »Zeit« unverzichtbar, zumal sie neben Fakten auch gesellschaftliche Strömungen, Diskussionen und Konflikte deutlich abbilden. Für den englischsprachigen Raum leisten das unter anderem die Archive der Magazine »Time«, »Life« und »Popular Mechanics«. In den USA bieten oft auch lokale »historical societies« umfangreiche Materialsammlungen mit Fotos und Originaldokumenten online an, dort wie hier sind zudem Texte und Bilder aus Museen und anderen Institutionen wertvolle Recherchequellen. Wenn Detailfragen trotzdem offen bleiben, hilft am Ende die persönliche Kontaktaufnahme.

Ein wissenschaftlicher Anspruch ist dennoch keinesfalls das Ziel dieses Buchs oder der Sendereihe. Allein aufgrund der Kürze der Beiträge ist meine Gewichtung der Fakten völlig subjektiv, Experten sehen dies manchmal vielleicht kritisch. Dennoch habe ich versucht, widerstreitende Positionen und unsichere

Faktenlage angemessen zu erwähnen und nach bestem Wissen zu berücksichtigen.

Allen, die fundierte Informationen zugänglich machen, gilt mein nachdrücklicher Dank, ebenso Bernd Diestel und dem Team von Bayern 1 mit Sprecher Peter Veit. Sie haben bisher rund 1.600 Geschichten in »Bayern 1 am Morgen« lebendig werden lassen.

Viel Spaß beim Durchstöbern dieses Panoptikums!

**Hartmut Grawe**
München 2015

Montagsgeschichten

**Die Arbeitswoche beginnt,** das Wochenende ist vorbei. Montag ist der erste Tag der Woche – allerdings nur im europäischen Kulturraum, in Deutschland erst seit März 1975. Die DIN-Norm 1355 empfiehlt seither, den Montag als Anfang der Woche aufzufassen. Zuvor beginnt die Zählung der Wochentage auch bei uns mit dem Sonntag, wie noch heute etwa in den USA. Der Name »Montag« leitet sich – noch deutlich erkennbar – vom Mond ab. Der ursprüngliche lateinische Begriff »dies lunae«, Tag des Mondes, ist in anderen Sprachen erhalten geblieben, etwa als »lundi« im Französischen. In vielen osteuropäischen Sprachen wiederum bedeutet das zugehörige Wort »nach dem Sonntag«. Viele Montagsereignisse haben der Logik folgend einfach mit dem Anfang einer neuen Woche zu tun. Neue Regelungen beginnen unerbittlich, ebenso die Maloche – dabei ist das Wochenende noch gar nicht richtig verdaut. Konsumgüter aus der »Montagsproduktion« genießen daher einen zweifelhaften Ruf, vor allem Autos. Wie hoch der Anteil der fehlerhaften Produkte durch mangelnde Konzentration am Wochenbeginn ist, lässt sich ohne Einblick in Firmendaten schwer feststellen – doch das Phänomen existiert nachweislich, Gerichte urteilen entsprechend. Auch Schlafforscher können belegen, dass viele Menschen montags erst Anlaufzeit benötigen. Ursache ist im Wesentlichen der geänderte Schlafrhythmus am Wochenende.

## 1. Dezember 1913

# Vom armen Schwein zum Auto

Fahrgestelle rollen an der Fabrikhalle vorbei. Arbeiter setzen den Fahrgastkasten darauf, fertig ist das billige Auto. Der Unternehmer Henry Ford hat den kompletten Fertigungsprozess auf das Fließband umgestellt. Massenproduktion und Arbeitsteilung werden in den Detroiter Fabriken bis zum stupiden Äußersten getrieben. Das »Ford Modell T« wird so zum ersten Auto, das sich jeder leisten kann – und leisten soll, denn dies ist der Plan von Ford: Seine Arbeiter verdienen gut und haben Freizeit, damit sie konsumieren können und zu Kunden werden. Erfunden hat Ford das Fließband nicht. Schon der Schiffbau im Venedig des 16. Jahrhunderts verlässt sich auf standardisierte Fertigteile, die mit immer gleichen Arbeitsabläufen zusammengesetzt werden. Im 19. Jahrhundert werden in Chicago Millionen von Schweinen industriell geschlachtet und schrittweise zerlegt. Ford schaut sich dieses Prinzip ab, perfektioniert die Fließbandfertigung und macht sie weltweit populär. Auch bei den Nazis: Firmengründer Henry Ford ist erklärter Antisemit und wird von Hitler als großes Vorbild bezeichnet.

# Der taube Komponist

Bonn ist der Geburtsort eines musikalischen Genies. Die Begabung des kleinen Ludwig ist ihm in die Wiege gelegt: Vater Tenor, Großvater Hofkapellmeister. Die Vorfahren stammen aus Flamen im heutigen Belgien, daher der Nachname »van Beethoven«. Ludwig van Beethoven wird eine große Karriere vorausgesagt, sein Orgellehrer hofft, aus Ludwig werde – Zitat – »gewiss ein zweiter Mozart«. Der Lehrer wird Recht behalten. Im Alter von 22 Jahren will Beethoven bei Joseph Haydn in Wien studieren. Daraus wird ein Daueraufenthalt, denn Napoleons Truppen überrennen das Rheinland. Bald ist der junge Mann als Pianist und Komponist sehr gefragt. Mit 28 Jahren befällt ihn ein Leiden, das Beethoven immer stärker belasten wird: Der schleichende Verlust des Gehörs, Ursache unbekannt. Hinzu kommen unglückliche Liebe und ein aufbrausendes Gemüt. Der unstete Geist Beethoven zieht in seinem Leben etwa 70 Mal um. Mit 57 Jahren stirbt das Genie an Leberzirrhose. Neun Jahre zuvor ist Beethoven bereits taub, doch er komponiert bis zum Schluss – er muss seine Musik nicht hören, um sie zu fühlen.

# 8. November 1847

## Dracula steigt aus dem Sarg

Vielleicht liegt es am Spätherbst, dass der Mann, der an jenem Tag geboren wird, die berühmteste Gruselgeschichte der Welt erschaffen wird. In der Nähe von Dublin kommt er zur Welt. Der Sohn eines Beamten ist zunächst kränklich, bis zu seinem siebten Lebensjahr bleibt er bettlägerig, die Ursache ist unbekannt. Dann beginnt der junge Bram Stoker ein normales Leben, studiert später Mathematik. Doch die Welt von Philosophie und Fantasie, sein einziger Fluchtweg als krankes Kind, bestimmt schließlich sein Berufsleben. Noch zu Studienzeiten wendet sich Bram Stoker dem Theater zu und leitet später das bekannte »Lyceum Theatre« in London. Außerdem schreibt er Romane. Einer davon bedient das schon damals populäre Genre der Horrorgeschichten: »Dracula«. Stoker, der selbst nie Transsylvanien besucht hat, recherchiert das Umfeld akribisch, so ist die Vampirsaga lebendig und glaubwürdig. Zum Klassiker wird »Dracula« jedoch erst Jahre nach Stokers Tod. Ein Grund sind die Verfilmungen – das Bild des blutsaugenden Karpatenfürsten erweist sich als ideale Vorlage für die Leinwand.

# 9. November 1953

## Reservat für Fußgänger

Die Stadt sei »jedem Fortschritt zugetan«, sagt der Kasseler Oberbürgermeister Willi Seidel – und weiht ein städtebauliches Experiment ein: Deutschlands erste Fußgängerzone. Die sogenannte »Treppenstraße« verbindet Bahnhof und Innenstadt. Der Name hat seinen Grund: Der leichte Höhenunterschied zwischen Anfang und Ende der 300 Meter langen Strecke wird mit insgesamt 104 Treppenstufen überwunden. Kassel ist nach dem Krieg zu 80 Prozent zerstört. Die Stadtväter entscheiden sich nicht für eine Rekonstruktion, sondern für einen kompletten Neuanfang. Auf dem Reißbrett entsteht die autogerechte Stadt mit einem monströsen Hauptverkehrsgürtel. Doch im Inneren soll entspanntes Großstadtflair herrschen, also legt man eine reine Flaniermeile mit Brunnen, Grünflächen und Cafés an. Geschäftsleute fürchten zunächst Wertverlust ihrer Immobilien, doch sie werden eines Besseren belehrt. Die Fußgängerzone wird zum erfolgreichen Modell und dient Kraft ihrer fortschrittlichen Ausstrahlung sogar mehrfach als Filmkulisse.

# 11. November 1493

# Die Dosis macht das Gift

Dieser Tag soll es gewesen sein, an welchem Philippus Theophrastus Aureolus Bombast von Hohenheim geboren wird. So lang der Name, so arm die Familie, denn der Vater ist uneheliches Kind aus einer Linie derer zu Hohenheim bei Stuttgart. Ein einfacher Wundarzt. Die Familie lebt in einem kleinen Dorf in der Schweiz, als der Nachwuchs kommt. Der Sohn wird ebenfalls Wundarzt, aber auch Theologe und Alchimist. Seine radikale Forderung nach ganzheitlichen und natürlichen Behandlungsmethoden macht ihn bis heute berühmt. Wir kennen Theophrastus von Hohenheim besser unter dem Namen Paracelsus, der vermutlich nur eine lateinische Form des Wortes Hohenheim darstellt. Die wichtigste Erkenntnis des Paracelsus: Die Dosis macht das Gift. Jeder Stoff kann schaden oder nützen, je nach Menge und Zusammenhang. Bei der Verbreitung seiner Thesen ist Paracelsus alles andere als diplomatisch, er verteufelt seine Kollegen und sie ihn. Erst Jahrzehnte nach seinem Tod durch Quecksilbervergiftung erlangen Paracelsus Werke bleibenden Ruhm.

# Wertlose Billionen

Wer in Berlin ein Brot kaufen will, muss in eine sehr große Tasche greifen: Der Laib von einem Kilo wird für 233 Milliarden Reichsmark gehandelt. Ein Kilo Rindfleisch beim Metzger nebenan kostet gar 4,8 Billionen Mark. Absurde Zahlen, die Währung in Deutschland ist nahezu bedeutungslos. Noch sind Geldscheine mit unvorstellbar vielen Nullen darauf im Umlauf, aber die Bevölkerung beginnt, auf andere Zahlungsmittel auszuweichen – Naturalien zum Beispiel, eine Kinokarte ist für zwei Briketts zu haben, eine Bestattung mit Predigt für 40 Eier. Wer das praktisch wertlose Papiergeld noch benutzt, muss es in Körben herumtragen. Da es täglich an Wert verliert, schließen viele Betriebe sofort nach der täglichen Lohnzahlung, damit die Arbeiter einkaufen können. Diese sogenannte Hyperinflation wird durch eine gigantische Staatsverschuldung in den Jahren davor ausgelöst. Deutschland finanziert den Ersten Weltkrieg komplett auf Pump, in der Hoffnung, nach einem Sieg die Nachbarstaaten ausplündern und so die Schulden zurückzahlen zu können. Ein Plan, der wenig später ein zweites Mal in den Krieg führt.

## 20. November 1820

# Die Qual des Wals

Ein Beiboot des Walfangseglers wird gerade an Bord repariert, der Rest der Mannschaft jagt in zwei Ruderbooten abseits des Seglers. Eine blutige Qual für das Tier, lebensgefährlich für die Jäger. Aber Waltran ist begehrt – das Fett der Tiere dient der beginnenden Industrialisierung zur Beleuchtung und als Schmiermittel. An jenem Montag Vormittag sichtet der Schiffsjunge des Walfängers »Essex« plötzlich ein Monster: Einen gewaltigen schwarzen Pottwalbullen, fast 30 Meter lang, etwa genauso groß wie das Segelschiff selbst, bewegungslos. Dann nimmt der Wal Anlauf, beschleunigt auf über 40 Stundenkilometer und rammt das Walfangschiff seitlich mit voller Wucht. Der Wal wiederholt seinen Angriff von der anderen Seite, dann taucht er ab. Der Segler sinkt langsam, fast 2.000 Kilometer von der nächsten bekannten Insel entfernt. Für die Mannschaft beginnt eine furchtbare Irrfahrt in den Beibooten, viele Matrosen sterben und werden von den Kameraden aufgegessen. Der reale Untergang der »Essex« aus Neuengland wird das Vorbild für den Roman »Moby Dick«.

# 26. November 1832

## Pferde auf Schienen

Pferde ziehen gemächlich einen Wagen von der Spitze Manhattans nach Harlem. Das ungewöhnliche daran: Die Kutsche rollt auf Schienen, die mitten auf der Straße verlegt sind. Die Welt hat ihre erste Straßenbahn. Etwa 30 Passagiere fasst so ein früher Straßenbahnwagen, der aussieht wie drei quer verschraubte Kutschen auf einem gemeinsamen Fahrgestell. Die Pferdebahn ist eine logische Folge der ersten Omnibusse. Der lateinische Begriff Omnibus bedeutet »für alle« und taucht Anfang des 19. Jahrhunderts erstmals im Zusammenhang mit großen Kutschen im Linienbetrieb auf. Die Straßenbahn aber verspricht mehr Komfort, da ihre Wagen nicht über das Pflaster holpern. Mit dem Aufkommen der Motorentechnik schickt man die Pferde langsam in den Ruhestand. Massen von Pferdeäpfeln und erkrankte Tiere können den Linienbetrieb beeinträchtigen, so stößt die erste elektrische Straßenbahn 1881 in Berlin auf großes Interesse. 1890 bekommt Halle an der Saale weltweit das erste richtige Straßenbahnnetz, wie wir es heute kennen – mit einer Oberleitung.

## 2. Oktober 1950

# Die kleinen Philosophen

»Schau an, da kommt der gute alte Charlie Brown!«, sagt der Junge zum Mädchen neben sich – und fügt hinzu: »Ja, der gute alte Charlie Brown… wie ich ihn hasse!« Vier Comicbilder, die an diesem Montag in acht US-amerikanischen Zeitungen erscheinen. Der Titel: »Peanuts«, umgangssprachlich übersetzt »Kleinigkeiten«. Charles M. Schulz hat diesen Comic-Strip gezeichnet und getextet – und wird das 50 Jahre lang täglich eigenhändig tun, bis zu seinem Tod im Jahr 2000. Insgesamt fast 18.000 Bildergeschichten denkt sich der Zeichner aus, und die vier- bis achtjährigen Comicfiguren erobern die Herzen von Lesern jeden Alters in 75 Ländern. Die Kinder und der eigensinnige Hund Snoopy sind wahre Philosophen. Erwachsene kommen zunächst gar nicht vor, in den späteren Filmversionen nur als nervtötendes Blabla-Geräusch aus einer Trompete. Die »Peanuts« wurden in 21 Sprachen übersetzt und erscheinen noch heute in über 2.000 Zeitungen. Neue Folgen gibt es nicht mehr – Charles M. Schulz hat verfügt, dass ohne ihn die Reihe nicht fortgesetzt werden darf.

## 8. Oktober 1906

# Leiden für längere Locken

In London bestaunt eine Gruppe von Friseuren zwei Damen. Selbige krönt eine üppige Lockenpracht, doch sie ist nicht naturgegeben. Es ist eine Dauerwelle, die erste Formveränderung von Haaren, welche länger hält als nur ein paar Stunden. Präsentiert wird sie von Karl Ludwig Nessler, einem Schwarzwälder, der sich in der britischen Hauptstadt niedergelassen hat. Seit Jahren tüftelt er an einer Methode, glatten Haaren die begehrten Locken angedeihen zu lassen. Zuvor klappt das nur für einen Abend mit Hitze – Brennscheren und Ähnliches gibt es seit langem. Nessler bringt zusätzlich die Chemie ins Spiel: Er behandelt die Haare mit einer dubiosen geheimen Lösung, welche die innere Struktur der Mähne angreift und verändert. Damals gilt noch mehr als heute: Wer schön sein will, muss leiden – die Prozedur dauert viele Stunden, weil Strähne für Strähne behandelt und 15 Minuten mit einer heißen Zange fixiert wird. Dennoch macht die Methode Nessler schließlich zum Millionär. Seine Ehefrau wird das versöhnt haben – sie trug als Versuchskaninchen für den Meister noch Brandblasen davon.

## 18. August 1856

# Mich düngt — die Insel gehört uns!

Der US-Kongress verabschiedet eine Verfügung über Vogel-kot. Im sogenannten »Guano-Insel-Gesetz« wird festgelegt: Entdeckt ein US-Bürger eine unbewohnte Insel, die zu keinem anderen Staat gehört, wird sie automatisch US-Territorium – vorausgesetzt, auf der Insel gibt es reichlich Vogelausschei-dungen. Das Gesetz ist bis heute in Kraft. Was kurios klingt, hat im 19. Jahrhundert gute Gründe: Guano, also die Hinter-lassenschaft diverser Seevögel, ist ein hervorragender Dünger. Die Mengen an Vogelkot, die sich auf manchen Inseln an-sammeln, sind atemberaubend. Auf dem Korallenatoll Nauru etwa bedecken einst mehrere Meter dicke Schichten weite Teile der Insel. Der Abbau des wertvollen Phosphatdüngers be-schert dem drittkleinsten Staat der Erde zeitweise das höchs-te Pro-Kopf-Einkommen – bis die Vorräte erschöpft sind. Für US-Bürger lohnt die Suche nach Guano-Inseln kaum noch; das alte Gesetz schreibt dem Entdecker einen Verkaufspreis von nur vier bis acht Dollar pro Tonne Naturdünger vor.

# 19. August 1839

# Silber konserviert den Augenblick

Frankreich macht der Welt ein Geschenk. Der Direktor der französischen Akademie der Wissenschaften stellt ein Verfahren vor, mit dem sich ein Abbild der Realität innerhalb von Minuten automatisch anfertigen lässt. Das Verfahren heißt »Daguerreotypie« und ist der Urvater der Fotografie. Erfunden hat es der Maler Louis Daguerre, der schon jahrelang mit der sogenannten »Camera Obscura« gearbeitet hat: Durch ein winziges Loch in einem Holzkasten fällt Licht auf eine Mattscheibe und zeigt ein kopfstehendes Abbild der Umgebung. Das Bild ist noch flüchtig, Malern dient es seit Jahrhunderten als Vorlage, die sie nachskizzieren können. Daguerre aber hat Kenntnis von bestimmten Substanzen, die durch Lichteinfall ihre Eigenschaften dauerhaft verändern. Er versucht, dies mit der Camera Obscura zu verbinden. Erfolg bringen schließlich versilberte Kupferplatten, die Joddämpfen ausgesetzt werden und nach der Belichtung mit Quecksilberdampf behandelt werden. Der französische Staat kauft Daguerre die Patentrechte ab und stellt sie der ganzen Welt zur Verfügung – mit Ausnahme von England.

# 13. Juni 1983

## Der Knochen klingelt

Ein Geräusch erobert die Welt: Das Handyklingeln. In den USA wird das erste Mobiltelefon vorgestellt, das Motorola DynaTAC 8000X. Der Name ist lang, die Sprechzeit kurz – gerade mal eine Stunde hält der Akku durch. Das Gerät kostet nach heutigen Maßstäben fast zehntausend Dollar. Das erste Handy ist auch alles andere als handlich: Die klobige Bauform wird unter dem Namen »Knochen« berühmt, das schwere Gerät passt gerade eben in einen Aktenkoffer. Funktelefone hatte es auch schon zuvor gegeben, aber der »Knochen« ist das erste Telefon, das praktisch nur aus einem Hörer mit eigener Stromversorgung und Antenne besteht. Zehn Millionen Dollar hatte der Hersteller nach eigenen Angaben in die Entwicklung investiert. »Handy« heißen Mobiltelefone übrigens nur in Deutschland. Woher dieser Begriff stammt, ist nicht ganz klar – möglicherweise hat das Wort seinen Ursprung im Amerika der 1940er Jahre: »Handie Talkies« wurden mobile Funksprechgeräte genannt, die dem ersten Mobiltelefon überraschend ähnlich sehen.

# 7. Mai 1934

## Die Perle von Lao-Tse

Der junge philippinische Taucher Etem sucht auf dem Meeresgrund nach Schnecken. Er übersieht dabei eine Riesenmuschel. Ihre Schale schließt sich um sein Handgelenk, Etem sitzt fest und ertrinkt. Als er später gefunden und die gigantische Muschel geöffnet wird, entdeckt man in ihr die größte Perle der Welt: Über sechs Kilo schwer, etwa 24 Zentimeter groß. Eine unglaubliche Geschichte, und möglicherweise frei erfunden. Tatsache ist nur: Es gibt diese Perle, und sie stammt aus einer Riesenmuschel. Wo und wann sie gefunden wurde, bleibt ein Rätsel. Der Amerikaner Wilburn Cobb, der die Perle bis zu seinem Tod besitzt, veröffentlicht die Geschichte 1939 in einem Wissenschaftsmagazin – nur um 30 Jahre später eine völlig andere Version zu berichten. Nunmehr soll die Perle aus China stammen und auf dunklen Wegen die Philippinen erreicht haben. Das Ungetüm, das eher aussieht wie ein Klumpen Sahne, bleibt ein Rätsel. Je nach Geschichte kennt man es als die »Perle Allahs« oder als die »Perle von Lao-Tse«.

## 15. Mai 1905

# Flüchtiges Glück auf grünen Auen

Grundstücke entlang der Eisenbahnlinie in der Wüste von Nevada werden versteigert. Sie finden guten Absatz, da die kleine Siedlung ein bekannter Zwischenstopp für Reisende ist. Man kennt sie als »Las Vegas«, das ist Spanisch und bedeutet »Die grünen Auen«. Was mitten in der Wüste merkwürdig klingt, hat einen realen Hintergrund: Es gibt an dieser Stelle tatsächlich natürliche Quellen, damals eine Oase auf dem staubigen Weg nach Westen. 1911 wird aus der Siedlung eine Stadt, vor allem durch den Nachschub für den Minenbetrieb in der Umgebung. Der Bau des Hoover-Staudamms bringt erste Touristen, Atomtests in der Wüste holen Wissenschaftler in die Stadt. Außerdem hatte man das Glücksspiel legalisiert, so eröffnet die Mafia Casinos. Als der steinreiche Howard Hughes in die Stadt investiert, erhält das Spielerparadies eine Basis ohne kriminellen Hintergrund und wächst rasant. Heute muss großer Aufwand getrieben werden, um an diesem sehr heißen und trockenen Ort den 500.000 Einwohnern grüne Auen zu bieten.

# Der finsterste Tunnel der Schweiz

Feierlich wird der damals längste Tunnel der Welt eröffnet: Der Eisenbahntunnel unter dem Gotthard, fünfzehn Kilometer lang, darüber bis zu 1.800 Meter Fels. Eine gewaltige Leistung und Grundlage einer schnellen Bahnverbindung nach Italien. Aber der Preis für dieses Bauwerk ist Blutzoll. In sieben Jahren Bauzeit kommen offiziell 177 Arbeiter ums Leben, andere Schätzungen sprechen von einem Vielfachen. Die Arbeit unter dem Gotthard ist lebensgefährlich, aber damit nicht genug: Die Arbeiter, meist aus armen Regionen Italiens, vegetieren mit ihren Familien in purem Dreck. Manche der verlausten Betten werden von drei Männern in Schichten benutzt. Ein Arzt schreibt: »Ein Haus mit über 200 Arbeitern hat überhaupt keinen Abtritt.« Vom kargen Lohn wird alles mögliche abgezogen, sogar Geld für das Lampenöl. Bauunternehmer Louis Favre hat sich verkalkuliert und beutet die Tunnelbauer gnadenlos aus. Ein Streik wird mit Waffengewalt beantwortet, vier Arbeiter sterben. Die Geschichte des Gotthard-Tunnels ist so finster wie sein Inneres.

# 2. April 1725

# Ein liebestoller Pfarrer

Schauspielerin Zanetta Farussi schenkt einem Jungen das Leben. Der kleine Giacomo wächst zunächst in Venedig bei der Großmutter auf, später in der Familie eines Pfarrers. Dies wird auch sein erster Beruf – mit 17 Jahren verlässt er die Universität als Doktor für weltliches und kirchliches Recht. Kaum jemand könnte als katholischer Priester ungeeigneter sein als dieser Giacomo – Giacomo Casanova. Drei Jahre lang müht er sich, dem Amt gerecht zu werden, ohne Erfolg. Casanova ist ein Abenteurer in jeder Hinsicht, die Verführung von Frauen sein Lebensinhalt und sein größtes Talent. Außerdem ist er ein Spieler. Weil Casanova aber auch einen wachen Geist besitzt, findet er Zeit seines Lebens immer wieder Gönner, die ihm aus der Patsche helfen. Einen Beruf übt er später praktisch nicht mehr aus, allenfalls den des Schriftstellers: Die autobiographischen Bücher des Giacomo Casanova werden zu seinen Lebzeiten Bestseller. Sie gelten noch heute als lebhafteste Beschreibung des 18. Jahrhunderts in Europa.

# 1. Februar 1960

# Sitzen bleiben für die Menschenwürde

Franklin McCain, Ezell Blair Jr., Joseph McNeil und David Richmond nehmen zum Mittagessen Platz. Sie sind Studenten der technischen Universität North Carolina, USA. Das Kaufhausrestaurant von Woolworth haben sie sich ausgesucht, und sie möchten bestellen. Sie werden aber nicht bedient. Der Grund: Rassentrennung. Die vier Studenten sind schwarz, und im Woolworth-Restaurant in der Stadt Greensboro sind nur Weiße zugelassen. Die vier wissen das natürlich – und bleiben sitzen. Nicht mehr und nicht weniger. Das sogenannte »Sit-in« ist geboren, eine Bewegung, die sich rasch über die ganze USA ausbreitet. Allein in Greensboro schließen sich Hunderte dem gewaltlosen Protest an und wechseln sich stundenweise ab. Die Aktion dauert sage und schreibe sechs Monate, bis die Geschäftsleitung die Rassentrennung im Restaurant aufhebt. Der 1. Februar 1960 markiert einen Meilenstein im Kampf gegen Rassismus und für die Rechte jedes einzelnen Menschen.

# 2. November 1959

## Die manipulierte Quiz-Show

Vor einem Untersuchungsausschuss des US-Parlaments verliest ein 33-jähriger Mann eine Erklärung. »Ich war verwickelt, tief verwickelt, in einen Betrug«, gibt Charles Van Doren zu Protokoll. Der Universitätsdozent ziert zweieinhalb Jahre zuvor noch das Cover des Time-Magazins – als vermeintliches Superhirn in einem Fernsehquiz namens »Twenty-One«. Etwa 130.000 Dollar gewinnt der Kandidat insgesamt, heute würde das ungefähr einer Million Euro entsprechen. Vier Monate lang beschert der sympathische Champion dem Sender NBC traumhafte Einschaltquoten. Ein abgekartetes Spiel. Van Doren kennt die Quizfragen bereits vor der Sendung und spielt den Nachdenklichen nur. Durch Zeugenaussagen fliegt der Skandal auf. Van Doren ist nur die Spitze eines Eisberges. Unzählige US-Quizshows sind manipuliert, hunderte Kandidaten nur Statisten in den Betrugsdrehbüchern der Fernsehproduzenten. Rechtlich hat Van Dorens Geständnis 1959 keine Konsequenzen, doch dem Publikum wird klar: Fernsehbilder können lügen.

# 4. November 1493

## Unbekannte Frucht aus dem Paradies

Christoph Kolumbus landet auf einer neu entdeckten Karibikinsel. Es ist seine zweite Reise zum vermeintlichen Indien. Der Eroberer und seine Mannen finden auf dem Eiland an den Hütten der Ureinwohner eine vollkommen unbekannte Frucht. Sie erinnert an einen zu groß geratenen Pinienzapfen. Die Ureinwohner Mittelamerikas bezeichnen das Obst als »Anana«, übersetzt einfach »hervorragende Frucht«. Kolumbus hat auf der Insel, die wir heute Guadeloupe nennen, Bekanntschaft mit der Ananas gemacht. Als die köstliche Frucht in die europäischen Königshäuser gelangt, sind die Monarchen begeistert. Doch die Ananas bleibt auch für sie schwer erreichbarer Luxus: Erst Jahrhunderte später gelingt die Aufzucht der Pflanze aus der Familie der Bromelien auch außerhalb ihres natürlichen Verbreitungsgebiets. Ananas, sofern nicht in Monokulturen schwer mit Pestiziden belastet, sind sehr gesund: Die Frucht, die Kolumbus 1493 in den Schoß fällt, wirkt entzündungshemmend, regelt die Verdauung und enthält unzählige Vitamine und Mineralstoffe.

# 1. November 1991

# WWW – Wirklich wichtige Webcam

Kaffee tröpfelt aus dem Filter in die Kanne. Der Füllstand steigt. Nicht sehr spannend, außer für die übernächtigten wissenschaftlichen Mitarbeiter im Computerlabor der Universität Cambridge in England. Sie können ab sofort auf ihrem Monitor ein Live-Kamerabild der Kaffeemaschine einblenden, damit sie nicht vergeblich zur Kanne laufen, wenn sie leer ist. Banal und gleichzeitig eine revolutionäre Idee, denn die sogenannte Coffee-Cam ist eine Webcam: Die erste Kamera, die über das Internet Live-Bilder überträgt. Sie wird als Urvater einer heute allgegenwärtigen Technik schnell berühmt. Bis zum Umzug des Instituts 2001 schauen über zwei Millionen Internetnutzer das winzige öde Schwarzweißbild der Kaffeemaschine an. Als sie abgeschaltet wird, ersteigert die Online-Redaktion des »Spiegel« die schlichte weiße Maschine für 10.500 D-Mark. Die Coffee-Cam von 1991 zeigt anschaulich: Das Internet schrumpft Entfernungen in vielen Fällen auf null. So auch zur ältesten durchgehend brennenden Glühbirne der Welt – sie erleuchtet seit über 100 Jahren eine kalifornische Feuerwache und ist ebenfalls per Webcam zu bewundern.

# 30. November 1835

## Literatur von zwei Faden Tiefe

Halleys Komet ist der Erde nah, als John Marshall Clement zur Welt kommt. Eine Frühgeburt im winzigen Haus eines wirtschaftlich chronisch erfolglosen Landrichters. Acht Menschen teilen sich die Hütte im US-Bundesstaat Missouri. John ist elf Jahre alt, als sein Vater stirbt. Er beginnt eine Ausbildung zum Schriftsetzer, wird später aber Steuermann auf einem Mississippi-Dampfer. Aus dem Slang der Flussschiffer stammt auch sein späterer Künstlername, der übersetzt »Zwei Faden Wassertiefe« bedeutet: »Mark Twain«. Er versucht sich erfolglos als Goldgräber, wird Klatschjournalist in den Städten der Schürfer. Es stellt sich heraus: Mark Twain schreibt brillant. Ernest Hemingway sagt, die gesamte US-Literatur stamme von einem einzigen weltberühmten Meisterwerk ab: »Die Abenteuer von Tom Sawyer und Huckleberry Finn«. Twain wendet sich oft scharfzüngig gegen Armut, Sklaverei und Imperialismus – und verbringt neun Jahre in Europa. Berlin begeistert ihn, nur die deutsche Sprache nennt Mark Twain augenzwinkernd »awful« – grauenvoll.

## 6. Juli 1885

# Kaninchen retten Kind das Leben

Ein neunjähriger Junge und seine Mutter suchen das Labor des Biologen Louis Pasteur auf. Der Junge, Joseph Meister, ist im Elsass mehr als zwei Tage zuvor von einem tollwütigen Hund vielfach gebissen worden. Bricht bei ihm dieselbe Viruserkrankung aus, ist er dem Tod geweiht – bis heute gibt es kein Heilmittel gegen die Tollwut, die über schwerste Krämpfe zum Koma führt. Doch Joseph Meister bleibt dieses Schicksal erspart. Pasteur beschäftigt sich seit einiger Zeit mit der Methode der Impfung. Im Fall der Tollwut hat er Kaninchen Rückenmark erkrankter Tiere gespritzt, das einige Tage an der Luft getrocknet wurde. Bei den so behandelten Tieren bricht die Krankheit nicht aus. Die vielen erfolgreichen Versuche machen Pasteur Mut, das Verfahren bei dem neunjährigen Jungen auszuprobieren. Auch ihm injiziert Pasteur das getrocknete Rückenmark der Kaninchen. Joseph Meister bleibt gesund und wird später Pförtner am Institut Pasteur. Seit diesem Wagnis 1885 gibt es Hoffnung nach einem Tollwutbiss – wird der Patient noch rechtzeitig geimpft, kann der Erreger seine tödliche Wirkung nicht entfalten.

# Schmierige Geschäfte machen reich

John wird als zweites Kind eines fahrenden Händlers im Nordosten der USA geboren. Eine Jugend in Armut. Doch John D. Rockefeller wird wenige Jahre später der reichste Mann der Welt. Er ist gelernter Buchhalter und investiert zum richtigen Zeitpunkt in eine neue Boombranche: Das Ölgeschäft. Zu jener Zeit sprudelt das schwarze Gold noch fast von selbst aus der Erde, wird in hölzernen Fässern zu den ersten Raffinerien gebracht. Dort erzeugt man vor allem Lampenöl, einen sehr gefragten Ersatz für den Waltran, der zuvor die Stuben beleuchtet. Rockefeller reißt bald die gesamte Wertschöpfungskette an sich: Gewinnung, Transport, Verarbeitung. Dabei geht es oft schmutzig zu. Seine »Standard Oil Company« nutzt auch illegale Absprachen, um den Wettbewerb zu verdrängen. Nach Jahrzehnten wird das Beinahe-Monopol gebrochen, der Staat lässt Standard Oil in kleine Einzelfirmen aufteilen. Rockefeller wird dadurch nicht ärmer: Inzwischen befeuert das Automobil den Durst nach Öl. Im Alter gibt der gefürchtete Ölbaron etwas vom Reichtum zurück – er spendet große Summen an Universitäten und die Kirche.

# 31. Juli 1752

# Tiermelange nach Wiener Art

Kaiser Franz I. und seine Entourage bewundern in den Gärten von Schönbrunn eine neue exklusive Attraktion. Der Regent des sogenannten Heiligen Römischen Reiches hat in Wien eine Menagerie einrichten lassen: Exotische Tiere in 13 Gehegen, geplant von einem französischen Gartenarchitekten. Menagerien, also Tierschauen, leisten sich Aristokraten seit Jahrhunderten. Viele Wildtiere in den engen Käfigen der Palastgärten überleben jedoch nur wenige Jahre. Auch die Bauwerke in Schönbrunn dienen damals weniger dem Wohlergehen der Tiere als dem ästhetischen Gesamtbild. Bereits 1778 öffnet Joseph II., Sohn und Nachfolger von Kaiser Franz, Park und Menagerie für die Öffentlichkeit. Das ist bis heute so geblieben, daher gilt der Tierpark Schönbrunn als ältester noch existierender Zoo der Welt. Die Ankunft der ersten Giraffe feiern die Wiener 1828 mit einer neu erfundenen gefleckten Torte – Giraffentorte, ein noch heute beliebtes Rezept. Inzwischen zählt der Tierpark zur Weltspitze der artgerechten Haltung. In Schönbrunn wird 2007 sogar ein Pandababy geboren, 255 Jahre nach dem Einzug der ersten Tiere.

# 13. Juni 1983

# Pionier verlässt das Sonnensystem

Die knapp drei Meter große Parabolantenne schwebt mitten im Nichts, der Erde zugewandt, einem unvorstellbar fernen Punkt. Nur die Plutoniumbatterie im Inneren der Raumsonde Pioneer 10 heizt gegen die Weltraumkälte von minus 273 Grad Celsius an. Die Sonde ist in diesem Moment weiter von der Sonne entfernt als jeder Planet. Sie kreuzt die Umlaufbahn des blauen Gasriesen Neptun und verlässt als erstes menschengemachtes Objekt das Sonnensystem. Die Erde ist nun 4,5 Milliarden Kilometer und elf Jahre entfernt. 1972 wurde Pioneer 10 auf die Reise zum Jupiter geschickt. Nach dem Vorbeiflug am größten Planeten unseres Systems und vielen aufregenden Fotos steuert die Sonde in die Unendlichkeit. Ihr Kurs zeigt auf den Stern Aldebaran, selbst mit Lichtgeschwindigkeit 65 Jahre entfernt. Bis zum Jahr 2003 sendet Pioneer 10 Funksignale, wenn auch nur noch schwach. Seither herrscht Funkstille. Die Sonde war so stabil und zuverlässig, dass sie in der Kälte des Alls über 30 Jahre lang funktioniert. Der Projektleiter scherzt: »Mit ihr haben wir wirklich was bekommen für unser Geld.«

# 13. April 1953

## Geheime Gehirnwäsche

Der US-Geheimdienst CIA startet ein geheimes Forschungsprogramm, dessen wahre Dimension bis heute nicht geklärt ist. Deckname: MK-Ultra. Ziel der Aktivitäten ist, herauszufinden, ob eine Persönlichkeit so weit verändert werden kann, dass das ursprüngliche Selbst in sein Gegenteil verkehrt wird. Gehirnwäsche. Wie so oft steckt der Kalte Krieg dahinter. Im Westen interessiert man sich brennend für Umerziehungslager der Kommunisten. Man hat panische Angst, Rückkehrer aus Kriegsgefangenschaft im Ostblock könnten in Killer verwandelt worden sein. Gleichzeitig ist die CIA fasziniert vom Gedanken, selbst diesen Weg zu gehen. Im Mittelpunkt der geheimen Versuche steht die Droge LSD, ein Halluzinogen, das im Mutterkornpilz vorkommt. Im Rahmen von MK-Ultra sollen vor allem Psychiatriepatienten und Strafgefangene ohne ihr Wissen mit LSD und Elektroschocks traktiert worden sein. Ihr Gedächtnis sollte gelöscht und eine neue Persönlichkeit quasi injiziert werden. Das menschenverachtende Forschungsprogramm aus den 1950er Jahren fordert Todesopfer und ist ein totaler Misserfolg.

# 18. März 1850

## Expresspost für die Goldgräber

Drei Logistikexperten im jungen Staat USA beschließen, künftig gemeinsame Sache zu machen: Henry Wells, William Fargo und John Butterfield. Vom Bundesstaat New York aus bieten sie abgesicherte Transporte in alle Teile des Landes. Wertpapiere, Geld und wichtige Unterlagen vertrauen Geschäftsleute zu jener Zeit lieber diesen privaten Expressfirmen an. Sie nutzen alle Verkehrsmittel der jeweiligen Zeit – Dampfschiffe, Kutschen, später die Eisenbahn. Vor allem der Goldrausch in Kalifornien belebt das Geschäft. Sehr bald bieten die Expresszusteller auch Bankdienstleistungen und Reisemöglichkeiten. Ihre Postkutsche gilt als schnell, aber das ist relativ: Vom mittleren Westen bis Kalifornien sind Reisende gut drei Wochen unterwegs, stets bedroht von Überfällen. Dennoch blüht das Geschäft. Bei einer Europareise erkennt einer der Chefs die Notwendigkeit eines sicheren weltweiten Zahlungsmittels. So wird 1891 der Reisescheck ins Programm genommen, in den 1960er Jahren dann die Kreditkarte. Die zwei großen Firmen der Gründer von 1850 bestehen bis heute: »American Express« und »Wells Fargo«.

# 7. Januar 1929

# Buck Rogers erstes Abenteuer

Anthony Rogers erforscht eine Mine, in der radioaktives Gas austritt. Er wird bewusstlos und fällt ins Koma. Erst 500 Jahre später wacht er wieder auf – in einem Amerika, das von Chinesen beherrscht wird, in dem es Strahlenpistolen, Raumgleiter und Antigravitationsgürtel gibt. Eine ferne Welt voller Abenteuer, in der Anthony, genannt Buck, nun seinen Mann stehen muss. Buck Rogers begründet das Genre der Science-Fiction-Comics und ist vom ersten Tag an ein großer Erfolg. Buck Rogers wie auch Tarzan, der zufällig am selben Tag sein Comic-Debüt erlebt, haben ihren Ursprung in Groschenheftchen. In illustrierter Form ziehen beide Helden aber noch viel mehr Leser an, Comics werden mit ihnen zum Welterfolg. Speziell Buck Rogers verhilft dem Science-Fiction-Genre dauerhaft zu einer Fangemeinde, in seinem Fahrwasser schwimmen spätere Idole wie Flash Gordon und Perry Rhodan. Comic-Sprechblasen sind im Übrigen fast so alt wie die Zivilisation: Schon in Maya-Zeichnungen der Vorzeit ist Figuren der Text auf ähnliche Weise in den Mund gelegt wie den Abenteuerhelden von 1929.

# 15. Januar 1906

# Türkei, Tabak, Tankerkönig

In Izmir im Osmanischen Reich wird ein kleiner Grieche geboren. Sein Vater ist Tabakhändler. Wenig später bricht ein Krieg zwischen Griechenland und der neu entstehenden Türkei aus. Der 16-jährige Aristoteles Onassis wandert nach Argentinien aus. Er schlägt sich anfangs mit Gelegenheitsjobs durch, dann erspäht er eine Marktlücke: Die argentinische Zigarettenindustrie umwirbt nur Männer. Onassis importiert türkischen Tabak und vermarktet Zigaretten gezielt für Frauen. Er ist noch keine 30 Jahre alt und wird Millionär. In der Weltwirtschaftskrise kauft er schrottreife Schiffe, steigt ins Frachtgeschäft ein. Onassis erkennt er den Ölhunger der westlichen Welt. Von nun an baut einen Tanker nach dem anderen, immer größer, immer mehr. Mit seinem ehemaligen Kumpel Stavros Niarchos entbrennt noch dazu ein heftiger Konkurrenzkampf. In den 1950er Jahren dominieren diese beiden Griechen praktisch die Tankerflotten der Welt. Erst sein Tod zerstört das Imperium von Onassis, des Tankerkönigs, der Kennedys Witwe heiratete und zahllose Affären mit Stars wie Maria Callas hatte.

## 10. März 1766

# Hut ab vor den Spaniern

Bürger der spanischen Hauptstadt Madrid sind durch Straf-androhung gezwungen, ihren Sombrero und den langen Mantel im Schrank zu lassen. König Karl III. will Spanien von oben herab modernisieren. Er stammt aus dem französischen Geschlecht der Bourbonen und hält das Land, das er regiert, für völlig rückständig, inklusive der Bekleidung. Doch seine Regierung wird von den Spaniern nicht akzeptiert, da die Minister zum Teil aus Italien stammen. Steigende Lebensmit-telpreise hatten bereits Unmut geschürt, und die arrogante Bekleidungsvorschrift bringt das Fass zum Überlaufen. Der so-genannte Hutaufstand beginnt. Der König ist von der plötz-lichen Revolte völlig überrumpelt, flieht aus Madrid und geht schließlich auf alle Forderungen ein. Obwohl sich schon etwa 30.000 Bürger mit Waffen eingedeckt hatten, endet der Auf-stand nahezu gewaltlos. König und Volk zeigen sich gleicher-maßen einsichtig, Spanien erlebt in der Folge eine Blütezeit. Schließlich tauschen sogar die Madrider ihren Sombrero frei-willig gegen den neumodischen Dreispitz.

Dienstagsgeschichten

**Im Hochdeutschen** ist die Namensherkunft des zweiten Wochentags nicht mehr direkt erkennbar. Dialekte hingegen, etwa das Alemannische, geben den richtigen Hinweis: In Südbaden heißt der Dienstag »Zischtig« – Zius Tag. Ziu, auch Thiu, Tyr, Deus sind verschiedene Schreibweisen für einen sehr bekannten Namen: Zeus. Der Göttervater (der Zusammenhang zwischen Zeus und dem nordischen Odin ist kulturgeschichtlich kompliziert und wird unterschiedlich bewertet) ist in der germanischen Mythologie in erster Linie Kriegsgott und Wächter über die große Versammlung, das Thing. Der Things-Tag ist also unser Dienstag, und die kriegerische Note darin verbindet den Namen mit der römischen Einteilung der Woche: Der Tag, den wir Dienstag nennen, ist im Alten Rom dem Kriegsgott Mars geweiht. Im französischen »mardi« ist die Verbindung zum Lateinischen noch lebendig. Auch in Asien gehen die Bezeichnungen auf einen gewalttätigen »Tag des Feuers« zurück. Wichtige Begebenheiten und Umbrüche der Antike ereignen sich verdächtig oft am kriegerischen Marstag – angeblich. Das ist wohl weniger ein seltsamer Zufall als vielmehr ein Hinweis darauf, dass Geschichtsschreibung keineswegs immer objektiv ist, sondern häufig Politik, Interessen und Kultur untergeordnet wird.

# 5. November 1935

## Spiel nach Gutsherrenart

Die Brettspielfirma Parker Brothers bringt rechtzeitig zum Weihnachtsgeschäft »Monopoly« auf den Markt, es verkauft sich blendend, und seither balgen sich Generationen begeisterter Spieler um die »Schlossallee«. Doch der lange Weg zu diesem Bestseller benötigt beinahe eine »Gefängnis-Frei-Karte«. Bereits 1904 erfindet eine Dame namens Lizzie Magie aus Illinois ein Spiel, dass sie »Landlord« nennt – Großgrundbesitzer. Lizzie Magie gehört zu den Anhängern des Politikers Henry George, der Landbesitz als Grundübel der Schere zwischen Arm und Reich sieht. Doch die Spielrunde, welche dies verdeutlichen soll, wird allgemein als langweilig empfunden. Der erste Teil des Spiels, in dem sich alle gegenseitig abkassieren, wird hingegen von Familie zu Familie weitergereicht, bis eine Version bei einem gewissen Charles Darrow ankommt. Er wendet den Geist der ersten Spielrunde sofort an und gibt Monopoly als seine Erfindung aus. Parker hält lange an dieser Geschichte fest. So wird erst Jahrzehnte später öffentlich, warum auf den frühen Spielbrettern zwei Patente vermerkt sind.

# 28. November 2000

## Pech im Experiment

Es passiert zum achten Mal, aber die Digitalkamera versagt. Pech in jeder Hinsicht für die Universität von Brisbane in Australien. Noch nie hat ein Mensch den entscheidenden Moment eines sehr langwierigen Versuchs beobachtet oder fotografiert: Das Ablösen des Tropfens im berühmten Pechtropfenexperiment. 1930 öffnet Professor Thomas Parnell den Abfluss eines Glastrichters, der erkaltetes Pech enthält. Er will zeigen, dass diese nur scheinbar steinharte Substanz in Wirklichkeit fließt, wenn auch unendlich langsam. 230 Milliarden Mal langsamer als Wasser. So löst sich der erste Tropfen 1938 aus dem Trichter, im Jahr 2000 der achte. Es handelt sich offiziell um das längste wissenschaftliche Experiment überhaupt, und man schätzt, dass es noch gut 100 Jahre weiterlaufen wird. Großartige Ergebnisse hat dieser Versuch nicht gebracht, der auch als der lang*weiligste* bezeichnet wird. Immerhin zeigt das Pechtropfenexperiment, dass unsere Wahrnehmung sehr begrenzt ist – was schnell, langsam, bewegt oder unbewegt ist, legt der Mensch für sich im Grunde willkürlich fest.

# 28. Oktober 1919

## Mahlzeit ohne Prost

Die Vereinigten Staaten von Amerika sind trocken. Ab diesem Tag ist der Verkauf von Alkohol untersagt, die Prohibition ist in Kraft. Die Abstinenzbewegung hat Jahrzehnte dafür gekämpft, teils aus religiösen Gründen, aber auch wegen häuslicher Gewalt durch Betrunkene. Hundert Jahre zuvor trinkt der Durchschnittsamerikaner fast zwei Flaschen Schnaps pro Woche. Damit soll es vorbei sein, aber der Plan scheitert in der Praxis kläglich. Die Gesetze sind von Anfang an löchrig: Ärzte dürfen Whiskey aus angeblich medizinischen Gründen verschreiben, das Keltern von Wein ist für private Zwecke gestattet, stolze 750 Liter pro Jahr. Der Handel mit Trauben für den heimischen Weinberg floriert daher, ebenso das organisierte Verbrechen. Mafiaboss Al Capone erlangt Macht durch den Alkoholschmuggel, schließlich gibt es in Kanada und Mexiko kein Verbot. Gewalt und Korruption steigen sprunghaft an. 1933 ist klar: Die Prohibition bringt mehr Schaden als Nutzen. Das Gesetz zu ihrer Abschaffung kommentiert Präsident Roosevelt mit den Worten: »Darauf sollten wir ein Bier trinken.«

## 21. September 1847

# Wertvolle Papierchen

Auf einer Vulkaninsel östlich von Madagaskar wird wieder ein regelmäßiger Postdienst eingerichtet. Die Briten haben die Insel soeben von den Franzosen erobert. Das macht das Leben auf dem kleinen Eiland nicht weniger beschaulich, und so hat die erste eigene Briefmarke der Kronkolonie eine verschwindend geringe Auflage. Nur 500 Stück werden ausgegeben von dieser »Blauen Mauritius«, dem wohl berühmtesten Postwertzeichen. Neben der blauen wird auch eine rote Marke verkauft, heute ebenso wertvoll. Etwas mehr als zehn Stück existieren heute noch von jeder Sorte. Wechselt eine Marke den Besitzer, sind fünf- bis sechsstellige Summen im Spiel. Die seltenen Briefmarken haben die Insel Mauritius berühmt gemacht, doch der Vulkanfelsen hatte noch einen viel größeren Schatz zu bieten: Mauritius war die einzige Heimat des Dodo, eines großen flugunfähigen Vogels. Niemand bemerkte seine Einmaligkeit, er wurde als Schiffsproviant massenhaft verspeist und starb schon im 17. Jahrhundert aus.

# 6. August 1991

## Weltreise mit der Maus

Auftakt zu einer der wichtigsten Erfindungen der Menschheit. Am Kernforschungszentrum CERN bei Genf schickt der Physiker Tim Berners-Lee eine Anleitung ins Netzwerk. Zitat: »Um einem Link zu folgen, klickt der Leser mit der Maus.« Das World Wide Web, kurz WWW, erlebt seine Geburtsstunde. Berners-Lee hatte sich ein System ausgedacht, das innerhalb von Texten automatische Verbindungen zu anderen Texten und Medien zieht, das sogenannte Hyper-Textsystem HTTP. Einfach durch das simple Anklicken eines Begriffs kann sich der Benutzer mit einem Computer irgendwo auf der Welt verbinden. Er »surft« durch die virtuelle Welt. Davor ist der Zugriff umständlicher: Text und Bild werden getrennt behandelt. Unterschiedliche Bereiche des Internets müssen jeweils mit einem eigenständigen Programm geöffnet und besucht werden. Das World Wide Web hebt diese Grenzen auf, jede Information in jeder medialen Form kann mit jeder anderen frei und veränderlich verbunden werden. Alles ist nur noch einen Mausklick entfernt.

# Was geschah in Roswell?

Die US Army gibt eine Pressemitteilung heraus. Kurz, knapp und unglaublich: Nahe des Luftwaffenstützpunkts Roswell seien Wrackteile einer fliegenden Scheibe entdeckt worden. Nach dieser kleinen Pressenotiz wird die Wüste von New Mexico zu einem Ort, an dem man alles finden kann, nur keine Fakten. Ist hier ein UFO abgestürzt? Wurden Außerirdische geborgen? Fragen, die lächerlich klingen. Antworten bestehen im Lauf der Jahre aus Dementis, Bestätigungen, wieder Dementis. In offiziellen Archiven von FBI und Armee finden sich extrem seltsame Dokumente, deren Echtheit bezweifelt wird. Was hatte der Vorarbeiter einer Ranch im Juli 1947 *tatsächlich* bei Roswell gefunden? Wahrscheinlichste Erklärung: Teile eines Systems, mit dem die USA das Atomwaffenprogramm der Sowjetunion überwachen wollten. Die Story der fliegenden Untertasse war zuerst ein Missverständnis der Journalisten, später willkommene Desinformation. Nur eins ist sicher – Roswell bleibt eine unerschöpfliche Quelle für Filme und Bücher.

## 5. Mai 1818

# Der erste Marxist

Der Sohn eines Anwalts kommt in Trier zur Welt, die er verändern wird wie kaum jemand vor ihm: Karl Marx wird geboren. Der junge Karl soll zunächst Jurist werden wie sein Vater, schwenkt im Studium aber zur Philosophie um. Dort befasst er sich mit der Frage: Ist die Gesellschaft, die ihn umgibt, bereits der Endpunkt menschlicher Entwicklung? Marx und seine Mitstreiter verneinen das. Auf der Grundlage der Idee von Freiheit und Gleichheit fordern sie die Enteignung der Reichen und damit Herrschenden: Lohnarbeit sei Zwangsarbeit, der Arbeiter sei unfrei und nicht eins mit seiner Tätigkeit, da er sie ausüben müsse, um zu überleben, ob er nun wolle oder nicht. Marx' Werk »Das Kapital« und das »kommunistische Manifest« werden die Welt umkrempeln. Menschenverachtende Diktaturen werden sich auf ihn berufen, aber auch Verfechter der sozialen Marktwirtschaft. Der Kommunismus scheitert, dennoch sind die Gedanken von Marx untrennbar mit der Entwicklung unserer heutigen Demokratie verbunden.

# Geld ist Zeit

Das Patent von Carl Magee aus Iowa ist schuld daran, dass heute das Wort »Parkraumbewirtschaftung« existiert. Anwalt und Verleger Magee gründet in Oklahoma City eine Zeitung und engagiert sich in der Handelskammer der Stadt. Geschäftsinhaber ärgern sich darüber, dass ihre Kundenparkplätze tagsüber von Angestellten blockiert werden. 1930 zählt man in Oklahoma City bereits eine halbe Million Autos. Carl Magee löst das Problem marktwirtschaftlich: Die Stadt vermietet Parkfläche im Minutentakt an den Nutzer. Kontrolleure können nur in gewissen Abständen vorbeischauen, also müssen automatische Uhren her, mit denen kleinere Zeiteinheiten abgerechnet werden können. Magee konstruiert das Grundprinzip auf der Basis eines einfachen Uhrwerks mit Federmechanik. Gemeinsam mit der Universität Oklahoma wird eine einsatzfähige Parkuhr entwickelt. Magees Erfindung ist mittlerweile fast überall durch Parkscheinautomaten ersetzt, aber das Prinzip bleibt.

# 24. April 1934

# Ein Elektromotor macht Musik

Ein einzigartiges Musikinstrument tritt seinen Siegeszug an. Es hat zwei Manuale und eine Reihe von Schieberegistern – wie eine Orgel. Aber ohne Stromanschluss gibt sie keinen Laut von sich, diese Hammond-Orgel, für die 1934 das Patent erteilt wird. Erfunden hat sie der Amerikaner Laurens Hammond. Er selbst ist kein Musiker, aber der Tüftler kennt sich hervorragend mit Elektromotoren aus. Ein solcher ist tatsächlich das Herzstück der Orgel. Hammond gelingt das Instrument so gut, dass es sofort begeisterte Anhänger findet. In Kirchen ebenso wie in Jazz-Combos. Der Sound der elektronischen Orgel ist unverwechselbar, ihre Konstruktion unverwüstlich. Unzählige uralte Geräte werden immer noch verwendet. Hammond erzeugt in seiner Orgel die Töne nach einem Prinzip, das noch älter ist: Schon 1897 wird das »Teleharmonium« vorgestellt. Diese elektronische Orgel basiert ebenfalls auf rotierenden Metallscheiben vor einem Tonabnehmer. Sie wiegt allerdings 200 Tonnen und ist daher etwas unhandlich.

# Ohne Mühe ganz nach oben

Es geht aufwärts in Amerika, denn der Ingenieur Jesse Reno hat seinem Erfindergeist nachgegeben und ein Patent angemeldet. Darin ist ein Endlosband beschrieben, welches quer mit Leisten bestückt ist und elektrisch angetrieben wird. Ein Förderband für Menschen, der Vorläufer der Rolltreppe. Reno installiert seine Erfindung zuerst im Vergnügungspark Coney Island vor New York, um das Gerät bekannt zu machen. Schon damals ist das eigentliche Ziel, viele Menschen schnell zwischen U-Bahn und Erdoberfläche hin und her zu schaufeln. Reno bewirbt sich um die Planung einer neuen U-Bahn-Strecke in New York, und die elektrische Treppe ist Teil seines Entwurfs. Er bekommt den Zuschlag jedoch nicht und verkauft sein Patent später an die Aufzugsfirma Otis. Die vielleicht sinnloseste Rolltreppe finden wir heute in einem Einkaufszentrum in Kawasaki, Japan: Sie befördert die Fahrgäste gerade 83 Zentimeter – nach unten.

# 4. Februar 1941

## Von der Bombe in die Pfanne

Der Chemiker Roy Plunkett, 27 Jahre alt, erhält gemeinsam mit seinem Arbeitgeber ein Patent auf eine Substanz namens Poly-Tetra-Fluor-Ethylen. Kein Mensch in der Chemiefirma DuPont weiß zunächst, was man damit anstellen soll. Das weiße Pulver ist ein Kunststoff, den man nur mit Mühe aus einem giftigen explosiven Gas herstellen kann. Plunkett und sein Team entdecken die Substanz zufällig bei der Suche nach einem guten Kältemittel. Ihre wichtigste Eigenschaft: Sie ist unterhalb von 260 Grad Hitze so gut wie unzerstörbar. Auch aggressive Säuren und Laugen verändern das Material nicht, an dem noch dazu praktisch nichts haften kann. Das kommt dem Manhattan-Projekt zur Herstellung der ersten Atombombe wie gerufen. Der teure Kunststoff wird als Korrosionsschutz eingesetzt. Sein Handelsname: Teflon. Am 4. Februar 1941 denkt noch niemand daran, dass dieses Material letztendlich die Bratpfanne revolutionieren wird – und unter dem Markennamen »Gore-Tex« auch die Bekleidung.

## 22. Januar 1901

# Das Ende der guten alten Zeit

Queen Victoria ist tot, die Herrscherin des Vereinigten König-
reichs von Großbritannien und Irland und selbsternannte Kai-
serin von Indien. Mit ihr stirbt das Viktorianische Zeitalter. Über
60 Jahre lang hatte Victoria regiert und ihr Land geprägt. Die
Blütezeit des sprichwörtlichen »Britischen Empire« fällt in diese
Epoche. Etwa ein Drittel der damaligen Weltbevölkerung unter-
steht der Queen. Die industrielle Revolution und die Kolonialzeit
bescheren der Insel für Jahrzehnte nie gekannten Wohlstand
und Bildung. Wie damals üblich ist Victoria mit halb Europa
direkt verwandt. Das bringt ihr später den Spitznamen »Großmutter Europas« ein – fast alle heutigen Monarchen Europas
stehen in familiärer Beziehung zu Victoria. Nach dem Tod ihres
geliebten Ehemannes Prinz Albert von Sachsen-Coburg trägt
Victoria nur noch Witwentracht und nimmt kaum noch reprä-
sentative Pflichten wahr – 40 Jahre lang. Am 22. Januar 1901
beendet ihr Ableben in Großbritannien die »gute alte Zeit«.

# 10. November 1885

## Der erste Biker ist ein Teenager

Der 14-jährige Adolf Daimler, Sohn eines erfolgreichen Ingenieurs, schwingt sich auf einen Ledersattel. Darunter tuckert ein aufrecht stehender Zylinder, der über Treibräder und Lederriemen auf das hintere von zwei hölzernen Rädern wirkt. »Reitwagen« nennt Vater Gottlieb Daimler dieses motorisierte Holzfahrrad mit Stützrädern, knapp ein PS, Höchstgeschwindigkeit 12 Kilometer pro Stunde. Der Sohn steuert das Gefährt zur Jungfernfahrt von Bad Cannstatt nach Untertürkheim, heute Stadtteile von Stuttgart. Der »Reitwagen« ist das erste funktionsfähige Gefährt mit einem Verbrennungsmotor überhaupt. Serienfertigung ist nicht geplant, dieses Motorrad soll nur zeigen, wie klein und leicht der Antrieb ist. Daimler und sein Techniker Wilhelm Maybach haben ihn unter großer Geheimhaltung im Gewächshaus von Daimlers Villa entwickelt. Ottomotoren sind zuvor allesamt klobig und ungeeignet für Fahrzeuge. Der Einzylinder-Viertakter mit dem Spitznamen »Standuhr-Motor« hingegen bereitet 1885 den Weg für den Individualverkehr.

# Nackte Mädchen auf Seite drei

Die britische Boulevardzeitung »The Sun« begeht den ersten Geburtstag ihrer umgestalteten Ausgabe. Auf Seite drei auch ein Geschenk für den Leser: Das Model Stefanie Rahn posiert im »birthday suit«, wörtlich Geburtstagsanzug. Das ist das englische Wort für »Adamskostüm«. Die nackte junge Frau auf Seite drei ist eine gewagte Idee des Chefredakteurs Larry Lamb. Schon zuvor finden sich täglich attraktive junge Frauen im Blatt, allerdings bekleidet. Doch erst »oben ohne« bringt den wirklichen Erfolg: Die Auflage steigt, der Skandal ist natürlich einkalkuliert. Andere Boulevardzeitungen ziehen nach. Die deutsche »Bild«-Zeitung platziert die nackigen Mädchen ab 1985 gar auf Seite eins. Das erste britische Seite-Drei-Mädchen soll übrigens Deutsche gewesen sein, aber das ist vielleicht nur Teil der Märchen, die Redakteure rund um die meist unbekannten Models dichten. Ohne sie auszukommen scheint schwierig – alle Versuche nach 1970, gegen die Auflagensteigerung durch nackte Frauen vorzugehen, sind bislang gescheitert.

## 25. November 1952

# Die älteste Mausefalle schnappt zu

Ein Mörder pfeift in Nottingham das Kinderlied »Three Blind Mice«, drei blinde Mäuse. Schüsse fallen, eine Frau schreit. Dieser Mord hat sich bisher über 25.000 Mal wiederholt - auf der Theaterbühne. Agatha Christies Kriminaldrama »Die Mausefalle« ist das am längsten ohne Unterbrechung aufgeführte Theaterstück der Welt. Seit Anfang der 1970er Jahre steht der Krimi auf dem Spielplan des St. Martin's Theatre im Londoner West End – und nichts anderes mehr. Die Kulissen werden im Jahr 2000 erstmals restauriert, ansonsten aber nicht verändert. Einer der frühen Hauptdarsteller steht in der Rolle des »Major Metcalf« elf Jahre lang bei über 4.500 Vorstellungen auf der Bühne. Die titelgebende »Mausefalle« ist in der Handlung eine abgelegene Pension, die durch einen Schneesturm von der Außenwelt abgeschnitten wird. Unter den Gästen wird ein gesuchter Mörder vermutet. Wir halten uns an die 60 Jahre alte Abmachung und verraten natürlich nicht, wer für die Verbrechen in der »Mausefalle« verantwortlich ist.

# 14. Oktober 1947

## Mit Knochenbrüchen durch die Schallmauer

Captain Charles Yeager, genannt »Chuck«, zündet das dritte von vier Raketentriebwerken. Sein Experimentalflugzeug Bell X-1 mit dem Spitznamen »Glamorous Glennis« beschleunigt nach dem Abwurf aus dem Schacht eines Langstreckenbombers auf über 1.060 Kilometer pro Stunde. Vibrationen erschüttern die Maschine, die der Form einer Gewehrkugel nachempfunden ist. Dann breitet sich ein dumpfer Knall über der kalifornischen Mojave-Wüste aus. Chuck Yeager fliegt als erster Mensch nachweislich schneller als der Schall, und das mit zwei gebrochenen Rippen nach einem Reitunfall zwei Tage zuvor. Ein gefährliches Experiment. Beim Durchbrechen der Schallmauer staut sich ungeheurer Luftwiderstand vor dem Flugzeug, Schockwellen belasten das Material stark. Herkömmliche Höhenruder sind unwirksam, Erfahrungen mit der Aerodynamik in dieser Phase gibt es 1947 noch nicht. Chuck Yeager bleibt cool – genau deshalb wird der Testpilot ausgesucht. Er fliegt instinktiv und behält die Nerven, die Schallmauer hält ihn nicht auf.

# 17. Oktober 1989

## Das kleine große Beben

Sportreporter des Fernsehsenders ABC begleiten ein Baseballturnier im Stadion von San Francisco. Um 17:04 Uhr bricht die Live-Übertragung mit einer Bildstörung ab. Die Fernsehzuschauer sehen nicht, dass eine wellenartige Bewegung die Stadiontribünen verbiegt. Ein schweres Erdbeben der Stärke 6,9 erschüttert soeben den Norden Kaliforniens. Das Stadion hält stand, ein doppelstöckiger Highway und viele Häuser nicht. 63 Menschen sterben in diesem stärksten Erdbeben seit Jahrzehnten. Sein Epizentrum liegt nahe des Berges Loma Prieta in den Santa Cruz Mountains. Hier verläuft die San-Andreas-Verwerfung, die Trennlinie zwischen pazifischer und nordamerikanischer Kontinentalplatte. Experten rätseln zunächst: War das Loma-Prieta-Beben 1989 schon »The Big One«, das nächste Megabeben, das Kalifornien etwa alle 150 Jahre trifft? Vermutlich nicht. Die Forscher erwarten mit sehr hoher Wahrscheinlichkeit in den nächsten Jahren einen Erdstoß wie 1906, der San Francisco zu weiten Teilen zerstört hat.

## 11. September 1962

# Beatles haben
# Beatprobleme

Im Aufnahmestudio der Plattenfirma EMI an der Abbey Road in London spielt ein enttäuschter Ringo Starr das Tambourin. Die Beatles nehmen ihren Hit »Love me do« auf. Es ist der dritte Termin, und Ringo sitzt nicht am Schlagzeug. Produzent George Martin hat für diese erneute Session den Studiomusiker Andy White engagiert. »Love me do« soll die erste Single der Newcomer werden, aber der Produzent ist mit dem Beat nicht zufrieden. Wenig später befinden die Toningenieure, die Version vom 11. September unterscheide sich praktisch nicht von der vorherigen Aufnahme mit Ringo Starr. Also kommt doch die Aufnahme der vier Original-Beatles auf den Markt. Das Album »Please, please me« und spätere Single-Ausgaben aber enthalten »Love me do« mit Andy White. So oder so wird die Platte mit der Eigenkomposition der Liverpooler Band ein großer Erfolg. Gerüchten zufolge hat der Manager der Beatles allerdings etwas nachgeholfen – mehrere tausend Singles soll er selbst aufgekauft haben, um »Love me do« in die Charts zu bringen.

# 13. September 1955

## Die Heimkehr der Zehntausend

Zehntausende Deutsche brechen in Freudentränen aus. Von Moskau aus erreicht sie die Nachricht, die Sowjetunion werde endlich die letzten Kriegsgefangenen freilassen. Bundeskanzler Konrad Adenauer hat mit den sowjetischen Staatschefs Chruschtschow und Bulganin im Kreml einen Handel abgeschlossen: Deutschland wird diplomatische Beziehungen zum ehemaligen Kriegsgegner aufnehmen, im Gegenzug kehren die letzten von ursprünglich drei Millionen Gefangenen zurück. Die sogenannte »Heimkehr der Zehntausend« gilt als größtes politisches Vermächtnis des ersten Bonner Bundeskanzlers. Die Verhandlungen hatten in eisiger Stimmung begonnen. Erst beim inoffiziellen Wodka gibt es Fortschritte. Die deutsche Delegation macht jeden Abend den Magen mit einem Löffel Olivenöl trinkfest. Adenauer akzeptiert schließlich im Alleingang die geforderte Gegenleistung der Sowjets in Form von mehr internationaler Anerkennung. Die Heimkehrer und ihre Familien bleiben dem Kanzler für diesen Entschluss ewig dankbar.

# Mozzarella im Telefonkabel

Das erste transatlantische Telefonkabel geht in Betrieb, genannt TAT-1. Zuvor können eilige Nachrichten zwischen Amerika und Europa nur telegrafiert werden – oder sie laufen für astronomische Gebühren über eine unzuverlässige Funkverbindung. Der entscheidende Schlüssel zu einer 3.000 Kilometer langen Sprechverbindung über den Grund des Atlantiks sind sogenannte Repeater: Schaltungen, die das schwächer werdende Signal alle 70 Kilometer auffrischen. Einmal auf dem Meeresgrund, können sie damals nicht repariert werden. So ist die Auswahl höchst zuverlässiger Verstärkerröhren von größter Bedeutung. Bei Materialtests in den Labors der US-Telefonfirma Bell werden immer wieder unerklärliche Qualitätseinbußen festgestellt. Des Rätsels Lösung: Mitarbeiter hatten im Ofen zur Herstellung der Röhrenteile ab und zu Pizza aufgewärmt, auf der empfindlichen Elektronik setzt sich anschließend Mozzarella ab. Nach dieser Entdeckung ist das Problem gelöst. Von 1956 bis 1978 funktioniert das Unterseekabel absolut störungsfrei.

# 26. September 1905

# Eine relativ bahnbrechende Theorie

In der Leipziger Fachzeitschrift »Annalen der Physik und Chemie« erscheint ein Aufsatz. Er trägt den für Normalbürger unverständlichen Titel »Zur Elektrodynamik bewegter Körper«. Verfasser ist ein gewisser Albert Einstein, 26 Jahre alt, Physiker im Berner Patentamt. Der zuvor kaum bekannte Wissenschaftler verlangt seinen Lesern Unerhörtes ab. Er weist nach: Wenn die Geschwindigkeit des Lichts im Vakuum als unveränderlich angesehen wird, müssen andere Einheiten veränderlich sein, nämlich Raum und Zeit. Je schneller sich ein Teilchen relativ zu uns bewegt, desto stärker weichen seine lokale Zeit und seine lokalen Maße von unseren ab. Einfach gesagt: Wer annähernd mit Lichtgeschwindigkeit reist, altert langsamer als jemand, der nicht so schnell unterwegs ist. Ein radikales Konzept, das den menschlichen Verstand übersteigt. Doch zahlreiche Experimente weisen nach: Einsteins Relativitätstheorie, begonnen mit der speziellen Fassung 1905, ist korrekt – so sehr sich unsere Wahrnehmung dagegen sträubt.

# 29. September 1829

## London bekommt jede Menge Bobbies

London erhält eine Polizei. Zuvor wird das Verbrechen, wenn überhaupt, nur durch freiwillige Wächter, private Kräfte oder die Armee in Schach gehalten. Der Bevölkerungszuwachs in London macht eine Justizreform nötig. Innenminister Sir Robert Peel gründet mit dem »Metropolitan Police«-Gesetz eine organisierte und zivile Polizei. Ihre Beamte, zu Beginn etwa 1.000, heißen im Volksmund »Bobbies«, nach dem Vornamen des Innenministers. Das Aufgabenspektrum der erstmals auch bezahlten Ordnungshüter ist breit: Bobbies werden zum einen mit schweren Gewaltverbrechen wie den Morden »Jack the Rippers« konfrontiert. In ruhigeren Zeiten aber weisen sie laut Vorschrift Hausfrauen auf die Gefahr des Wäschediebstahls von der Leine hin. Der typische Helm, den männliche Beamte auf Fußstreife noch immer tragen, wird 1863 eingeführt. Sein Vorbild ist die preußische Pickelhaube. Nach der Gründung der Londoner Polizei 1829 tragen die Wachtmeister noch Zylinderhüte – und sind, so beklagen Vorgesetzte, viel zu oft betrunken.

## 29. August 1893

# Geniale Erfindung mit Haken

Das US-Patentbüro setzt seinen Stempel auf eine Zeichnung voller Haken und Ösen. Der rührige Erfinder und Handelsreisende Whitcomb Judson hat das Patent eingereicht. Es soll das Öffnen und Schließen der damals hochgeschnürten Schuhe revolutionieren. Judson schlägt vor, auf die eine Seite des Stiefelschafts fortlaufend Haken zu nähen, auf die andere Seite entsprechende Ösen. Ein kompliziertes Schließelement soll durch einfaches Entlangziehen Haken und Ösen verbinden oder lösen. Judson hat den Reißverschluss erfunden, den er »Klauenschließer« nennt. Schuhe, Postsäcke und Gurte soll sein Verschluss sichern, doch ein Problem behindert den kommerziellen Erfolg: Der erste Reißverschluss öffnet sich häufig ungewollt von selbst, weil Haken und Ösen zu groß sind und zu viel Spiel haben. Erst Judsons Angestellter Gideon Sundback löst das Problem viele Jahre nach dem Tod des Erfinders. Der Einsatz an Soldatenkleidung bringt dem Reißverschluss allmählich den Durchbruch. Seit den 1930er Jahren ist er Alltag.

# 31. August 1999

## Schüler pfeifen auf die Grammatik

Die Schüler der Kanareninsel La Gomera pfeifen auf die Lehrer. Die freuen sich darüber, denn sie bringen den Kindern »El Silbo« bei – eine Pfeifsprache. Sie ist nun Pflichtfach auf der spanischen Insel vor der Westküste Afrikas und wird so vielleicht vor dem Aussterben bewahrt. Pfeifsprachen haben sich vor allem in Bergregionen erhalten. Wer sie beherrscht, kann Nachrichten zehn Mal weiter übertragen als durch Schreien, über einen halben Kilometer und mehr. Dafür sorgen der schmale Frequenzbereich von Pfeiftönen und Lautstärken an der akustischen Schmerzgrenze. Sprachen wie »El Silbo« funktionieren in ihrer Struktur wie das gesprochene Wort. Man kann mit ihnen jeden beliebigen Satz bilden. Der Ursprung auf den Kanaren liegt im Dunkeln. Vielleicht haben westafrikanische Hirten einst diese Kommunikationsform auf die Inseln gebracht. Pfeifsprachen gibt es in unterschiedlicher Form in vielen Regionen der Erde. Aber nur noch auf La Gomera kümmert sich seit 1999 offiziell die Schule um den Fortbestand.

# 7. Juni 1099

## Reise nach Jerusalem

Der Durst ist schlimmer als der Hunger. Die Stadt des Herrn liegt in einem trockenen Land, Wasser muss in Tierhäuten kilometerweit herbeigetragen werden. Etwa 12.000 einfache Kämpfer, Bauern und Sträflinge bilden den Großteil des Heeres, dazu kommen 1.500 Ritter. Die Kreuzfahrer stehen vor Jerusalem. Warum sie dort stehen, darüber diskutieren die Historiker noch immer. Der erste Kreuzzug hat viele Auslöser, die in eine allgemeine Bereitschaft zum vermeintlich heiligen Krieg münden. Papst Urban II. nutzt dies, um zur Rückeroberung der heiligen Stätten aufzurufen, die seit Jahrtausenden Juden, Christen und Muslime gleichermaßen für sich und ihre Geschichte beanspruchen. Zehntausende machen sich auf den Weg, viele werden durch brutale Schlachten und Seuchen weit vor Jerusalem aufgerieben und bringen ihrerseits tausende Gegner um. Beide Seiten halten einander für ungläubige Götzendiener. Dann die Belagerung der heiligen Stadt, schließlich überwindet das ausgezehrte Heer der Kreuzfahrer die Mauern. Ein grauenvolles Blutbad folgt, die Glaubenskrieger schlachten fast alle Menschen ab, die sie vorfinden, auch Frauen und Kinder. Die Kreuzfahrer plündern die Besitztümer und kehren nach Hause zurück. Wohlhabend, vermerken die Chronisten.

# 24. Juni 1947

# Untertassen in Sicht

Kenneth Arnold verkauft Feuerwehrausrüstungen im Nordwesten der USA. Der Geschäftsmann steuert eine kleine Propellermaschine über die Berge des Bundestaats Washington. Kurz vor drei Uhr nachmittags bemerkt er Lichtblitze in der Ferne, wie von einem Spiegel in der Sonne. Aufmerksam sucht er den Horizont ab. Im Norden des Berges Mount Rainier macht Arnold neun metallene Objekte aus, die in Formation fliegen. Sie wirken nicht wie Flugzeuge und sind unfassbar schnell. Arnold schätzt ihre Geschwindigkeit auf fast 3.000 Stundenkilometer. Diese UFO-Sichtung prägt den Begriff der »Fliegenden Untertasse«, denn Kenneth Arnold spricht von runden, flachen Objekten. Wissenschaftler stoßen auf hunderte glaubwürdiger Augenzeugenberichte, die im Sommer 1947 ähnliche Flugobjekte beschreiben. Eine gute Erklärung fehlt. Hat das US-Militär sogenannte Nurflügler getestet, Jets ohne Leitwerk, die vom Radar schlecht erfasst werden? Wenn ja, wären die vermeintlich außerirdischen Untertassen Vorläufer der sogenannten »stealth jets« gewesen, der Tarnkappenflugzeuge, die heute real im Einsatz sind.

# 2. Mai 1933

## Ungeheuer schwer zu finden

Der Körper erinnert an einen Wal, es wühlt das Wasser auf wie einen kochenden Hexenkessel. Dann verschwindet es in einer Schaumfontäne. So gibt die Zeitung »Inverness Courier« einen Augenzeugenbericht wieder. Ein Ehepaar soll es über eine Minute lang beobachtet haben, das Ungeheuer von Loch Ness. Der Zeitungsbericht gilt als erste ernstzunehmende Quelle für eine Sichtung von »Nessie«. Hobbyforscher und Wissenschaftler versuchen vergeblich, dem vermeintlichen Urtier auf die Spur zu kommen. Der schottische See macht es ihnen schwer: Er ist 36 Kilometer lang, über einen Kilometer breit und etwa 200 Meter tief, eiskalt und wegen winziger Pflanzenteilchen im Wasser komplett undurchsichtig. Ist eine unbekannte Tierart im Loch Ness eingeschlossen? Wassersaurier, Riesenmolche, große Aale? Dringen Meerestiere von der Nordsee aus über den River Ness gegen die Strömung bis zum See vor? Sehen Augenzeugen nur verrottete Baumstämme oder große Wellen oder einfach nur das, was sie sehen wollen? Das Rätsel von Loch Ness ist seit 1933 nicht kleiner geworden, die Einnahmen durch den Tourismus am See auch nicht.

# Riesenglocke läutet die neue Zeit ein

In etwa 60 Metern Höhe zeigen von nun an vier haushohe Zifferblätter den Fortschritt der Zeit. Das Uhrwerk im Turm neben dem neu errichteten britischen Parlamentsbau ist ein Meisterstück der Präzision und Symbol der Weltmacht. Doch erst das Schlagwerk macht den »clock tower« berühmt. Im Mittelpunkt hängt eine der größten Glocken der Welt, genannt »Big Ben«. Der Name dieses 13 Tonnen schweren Ungetüms kennzeichnet heute auch den Turm insgesamt. Die Melodie der vier kleineren Glocken hat ihren Ursprung jedoch nicht neben dem Parlament. Der »Westminster-Schlag« stammt eigentlich aus einem Kirchturm der Universität Cambridge. Der knapp 100 Meter hohe Uhrturm in London dient im übrigen nicht nur der Zeitmessung. Ein Schacht, der vom Erdgeschoss bis zum Glockenstuhl reicht, entlüftet das Parlamentsgebäude. Mitte des 19. Jahrhunderts dringend notwendig, denn vor 1865 hat die britische Hauptstadt keine Kanalisation. Der unerträgliche Gestank der Abwässer in der Themse verleiht der Stadt den zweifelhaften Titel »The Great Stink«. Da halten sogar die Redner im Parlament die Luft an.

# 26. April 1977

## Das moderne Gomorrha

DJ Richie Kaczor legt einen Disco-Klassiker auf: »Devil's Gun« von C.J. & Company. Mehrere tausend Gäste drängen sich in einem ehemaligen Theater nahe des berühmten Broadway in New York City. Die Adresse: 54. Straße 254 West. »Studio 54« nennt sich der Club, der schnell zur berühmtesten Disco der Welt aufsteigt. Die Gäste, am ersten Abend handverlesene Society-Größen, tummeln sich auf einer 100 mal 80 Meter großen Tanzfläche. Das »Studio 54« hält auch dubiose Besonderheiten bereit, etwa den »Rubber Room«, den Gummiraum. Die Wände sind abwaschbar, der Raum lädt zu Exzessen aller Art. Drogen sind im »Studio 54« immer irgendwo im Spiel. Ansonsten kommt rein, wer ein Star oder exzentrisch genug ist: Ein Typ mit einem Affen auf der Schulter. Leute auf Pferden. Splitternackte Tanzwütige. Wer »in« sein will, lässt sich in der Disco blicken. Die Betreiber unterschlagen derweil fröhlich Millionengewinne und verhökern Drogen. 1980, drei Jahre nach Eröffnung, endet die legendäre erste Ära des »modernen Gomorrha«, so jedenfalls das Partymotto am Abend vor der Schließung.

# Legendäre Staatskarosse kehrt zurück

Eine über fünf Meter lange alte schwarze Limousine rollt über Straßen, die sie gut kennt. Hunderttausende Kilometer hat der Motor auf dem Buckel, echte deutsche Wertarbeit. 39 Jahre zuvor hatte das Auto die höchste Weihe für Blech auf vier Rädern erfahren: Es wurde vom Bundeskanzler zum ersten ständigen Dienstfahrzeug auserkoren. Konrad Adenauer entscheidet sich nach einem Besuch der Frankfurter Automesse, künftig immer in einem Mercedes Typ 300 zu reisen. Der sündteure Wagen ist die erste heimische Luxuslimousine nach dem Krieg und das leistungsfähigste deutsche Auto seiner Zeit. Die Kanzlerversion erhält eine Trennscheibe mit Sprechanlage, Klapptische, Leselampen und Vorhänge. Beim Kilometerstand 157.000 wird der Wagen ausgemustert. Eine Familie ersteigert die Staatskarosse preisgünstig und fährt den Wagen weitere 12 Jahre lang, bis er altersschwach in die USA verkauft wird. Von dort wird er dem Bonner »Haus der Geschichte« angeboten, das ihn schließlich 1989 zurückholt. Adenauers häufigster Satz im Dienst-Mercedes soll gelautet haben: »Können se nich schneller fahren?«

# 24. März 1874

# Entfesselte Zauberkunst

In Budapest wird dem Rabbiner Samuel Weisz ein Sohn geboren, genannt Erich. Vier Jahre später wandert die Familie in die USA aus. Der junge Erich begeistert sich für den Zirkus, büxt mit 12 Jahren sogar kurz aus, um sich einer Truppe anzuschließen. Mit 17 versucht er sich als Magier, reist mit Kuriositätenschauen durchs Land. Erfolg stellt sich ein, als Erich Weisz in die Rolle des Entfesselungskünstlers schlüpft. Sein Künstlername: Harry Houdini. Er lässt sich von der Polizei nackt in Ketten legen – und ist innerhalb von Minuten frei. Sein Trick sind Schlüssel und Dietriche, die er zwischen den Zehen oder in Körperöffnungen versteckt. Ein Bewunderer ist allerdings sicher, dass Houdini übernatürliche Kräfte besitzen muss: Arthur Conan Doyle. Der Erfinder von »Sherlock Holmes« wohnt oft spiritistischen Sitzungen bei und ist überzeugt von deren Echtheit. Houdini ärgert das, er weiß, wie die Tricks funktionieren. Der Zauberkünstler macht es sich daher zur Aufgabe, Geisterbeschwörer als Betrüger zu entlarven. Houdini stirbt 1926 – nicht in Fesseln, sondern ganz profan an einem Blinddarmdurchbruch.

## 30. Januar 1962

# Lachen bis der Arzt kommt

In einer Mädchenschule in Tansania fangen drei Schülerinnen an zu kichern. Die Teenager können nicht mehr aufhören zu lachen, und allmählich stimmen andere ein. Unheimlich wird das Ganze, als der Zustand anhält und die Mädchen wechselweise von Lach- und Weinkrämpfen geschüttelt werden. Der Unterricht in der Schule kommt zum Erliegen, die Mädchen werden heimgeschickt. In ihren Dörfern werden nun weitere Bewohner von der merkwürdigen Lachepidemie befallen, über 1.000 Menschen sollen es schließlich gewesen sein. Die Epidemie verschwindet so plötzlich, wie sie begonnen hat. Ärzte sind ratlos – es findet sich keine biologische Ursache. Man vermutet eine Massenhysterie, ein Phänomen, das in vielen Formen auftreten kann. In Europa wird beispielsweise über Jahrhunderte von plötzlichen Tanzepidemien berichtet. Etliche Dauertänzer sterben an Erschöpfung. Ereignissen dieser Art ist gemeinsam, dass sie bei starkem Stress auftreten. Auch die Menschen in Tansania leiden 1962 unter besonders schwierigen Bedingungen, was den emotionalen Ausnahmezustand offenbar begünstigt.

# 18. Dezember 1866

# Der lange Weg zur Schreibmaschine

Der Mann, der in diesem Dezember am Kaiserhof in Wien vorspricht, hat einen langen Weg hinter sich. Etwa 700 Kilometer legt Peter Mitterhofer zu Fuß zurück, von seinem Heimatort Partschins in Südtirol bis in die Hauptstadt von Österreich-Ungarn. Im Gepäck hat der Tischler eine revolutionäre Erfindung: Einen hölzernen Rahmen mit einer komplizierten Anordnung von Drähten und Nadeln, die Buchstaben aufs Papier bringen. Es ist die erste Schreibmaschine, späteren Konstruktionen schon sehr ähnlich. Der Südtiroler Erfinder ist ein begeisterter Tüftler, baut Musikinstrumente selbst und allerlei Hilfreiches für den Haushalt. Den Nachbarn im Dorf ist der umtriebige Geist suspekt. Doch nun in Wien will sich Mitterhofer die gebührende Anerkennung holen. Technische Experten des Kaiserhofs begutachten sein Werk und kommen zu dem Schluss: Interessant, aber nicht wirklich nützlich. Mitterhofer erhält immerhin 200 Gulden, dann wird er wieder nach Hause geschickt. Frustriert muss der Tischler miterleben, wie zehn Jahre später andere Konstrukteure mit der Schreibmaschine berühmt und vermögend werden.

Mittwochsgeschichten

**Schlicht die Mitte der Woche** – der »alten« Woche, wohlge-
merkt, also der Tageszählung, die mit dem Sonntag beginnt.
Mehr zufällig passt der Mittwoch auch zu unserer modernen
Arbeitswoche, die nur noch fünf Tage umfasst. Romanische
Sprachen wie das Französische verweisen hingegen wieder
direkt auf den antiken Namen: »Mercredi«, Tag des Merkur.
Merkur gilt im Alten Rom als Götterbote und Gott der listigen
Kaufleute. Die Widmung des damaligen Weltreichs für diesen
Tag ist im Norden scheinbar unpassend an das lokale Glaubens-
system angepasst: Der Tag ist Wotan oder Wodan geweiht, Ur-
sprung des englischen Wednesday, beispielsweise. Daraus wird
gelegentlich abgeleitet, der spätere Hauptgott und Göttervater
sei ursprünglich ebenfalls als Schelm betrachtet worden.
In Osteuropa hingegen wird wie bei uns von der »Mitte der Woche« gesprochen. Den männlichen Artikel setzen wir erst seit
gut 150 Jahren vor **den** Mittwoch. Ursprünglich sagte man der
Wortbedeutung folgend tatsächlich: **die** Mittwoch. Die anderen Tage haben gewissermaßen allmählich abgefärbt und die
Sprachregelung vereinheitlicht. Von diesen Feinheiten abgesehen wird dem Mittwoch nur wenig inhaltliche Bedeutung zuteil.
Im Christentum war der Tag zeitweise negativ belastet: Am Mittwoch soll Jesus von seinem Jünger Judas verraten worden sein.

# Die Motte im Programm

In New York City wird eine Frau geboren, die die Welt 94 Jahre später nervös macht. Die kleine Grace entpuppt sich als Zahlengenie und wird Mathematikerin. Ihre Familie ist seit langem dem US-Militär verbunden, so tritt Grace Hopper 1943 in den Dienst der Navy. Sie gehört zu den ersten Programmiererinnen in den USA, und auf sie geht der Begriff »debugging« für die Fehlersuche in Computern zurück: Hopper holt 1947 eine Motte, englisch »bug«, aus einem Lochstreifenleser, der daraufhin wieder funktioniert. Wenig später aber sorgt Grace Hopper selbst für einen buchstäblichen Jahrtausend-Bug – Hopper codiert in ihrer Programmiersprache COBOL Jahreszahlen aus Sparsamkeitsgründen nur zweistellig, Kollegen übernehmen dieses Prinzip. Niemand glaubt, dass dieselben Programme 40 Jahre später immer noch im Einsatz sein werden. Doch das ist der Fall, und vor dem Jahr 2000 werden hektisch Tausende von Programmen überprüft, damit der zweistellige Jahreszähler nicht einfach auf Null springt und die digitale Gesellschaft ins Chaos stürzt.

# 1. November 1961

## Bitte Zahlen!

Ab sofort gelten in der Bundesrepublik vierstellige Postleitzahlen – das erste System weltweit, das alle Orte eines Landes einheitlich erfasst. Davor gibt es nur ein Regelwerk mit vielen Ausnahmen, das höchstens Postbeamten durchschauen. Wer einen Brief absendet, gibt daher oft nur Straße und Wohnort des Empfängers an – problematisch bei Ortsnamen wie Neustadt, der in Deutschland über 20 Mal existiert. Mit dem Wirtschaftswunder kommt das Postsystem, das sich allein auf jahrelange Erfahrung der Briefverteiler stützt, an seine Grenzen. So greift man auf einen Vorschlag des ehemaligen Tischlers Carl Bobe zurück. Er will schon 1917 die Postzustellung an das Nummernsystem einer Bibliothek anlehnen. Doch das Ganze funktioniert nur, wenn die Absender die Postleitzahlen auch wirklich mit aufs Kuvert schreiben. Deshalb werden das vierstellige System und später auch die fünfstelligen Postleitzahlen mit je einer Fernsehshow-Reihe populär gemacht: Peter Frankenfeld führt durch die Sendung »Vergißmeinnicht«, in den Neunzigern spielt Rudi Carell in »Die Post geht ab« mit den Zahlen.

# 13. November 1907

## Das fliegende Fahrrad

Einige Männer schieben ein filigranes Gestell vor den Schuppen, bestehend aus einem Rohrkäfig auf vier Fahrradreifen. In der Mitte ein Achtzylinder-Benzinmotor. An Vorder- und Rückseite je ein langer Ausleger mit waagerechten Speichenrädern, an denen große Flügel befestigt sind. Der Franzose Paul Cornu startet den Motor, die Flügel an den Speichenrädern drehen sich immer schneller. Dann erhebt er sich vom Boden, der erste wirklich flugfähige Hubschrauber. In der Normandie findet dieser historische Moment statt, nur zwei Jahre nach dem Flug der Gebrüder Wright. Ganze 30 Zentimeter hoch schwebt das Gestell in der Luft, das von Spöttern auch als »fliegendes Fahrrad« bezeichnet wird. Doch der Mechaniker Cornu hat bei der Konstruktion schon vieles richtig gemacht – die gegenläufigen Rotoren etwa verhindern, dass sich der Mittelteil um sich selbst dreht. Für Cornu, der auch Autos und Motorräder entwirft, bleibt es bei diesem Experiment. Steuerbar ist sein Hubschrauber noch nicht, und die Weltkriege wenig später kosten Cornu die Firma und 1944 auch sein Leben.

# 18. November 1959

# Ein Film von römischen Ausmaßen

Am Abend drängen sich die Schaulustigen vor Loew's Theatre, einem Kino am Broadway in New York. Die Stars rollen an zur Premiere des vielleicht monumentalsten unter den Monumentalfilmen: »Ben Hur«. Dreieinhalb Stunden dauert das Epos mit Charlton Heston in der Titelrolle, das alle Mitwirkenden an ihre Grenzen gebracht hat. Produzent Sam Zimbalist stirbt vor der Fertigstellung an einem Herzinfarkt. Elf Oscars, 50.000 Statisten, eine Million Requisiten. Das Hollywood-Studio MGM setzt auf Alles oder Nichts – und das Wagnis gelingt. Der Film erwirtschaftet über die Jahre das Sechsfache seiner Kosten an Gewinn. Bis heute unerreicht ist das Wagenrennen, das in den Cinecittá-Studios bei Rom mit 78 Pferden inszeniert wird. Die Dreharbeiten sind so gefährlich, wie die neunminütige Sequenz später aussieht – sicherheitshalber wird am Set eine Krankenstation errichtet. Zum Glück wird sie kaum gebraucht, es kommt niemand ernsthaft zu Schaden. Regisseur William Wyler setzt sich mit dem Film ein Denkmal von römischen Ausmaßen.

## 3. Oktober 1906

# Drei Buchstaben für den Notfall

Dreimal kurz, dreimal lang, dreimal kurz: SOS. Dieser Morse-code soll künftig das allgemeine Notrufzeichen auf See dar-stellen. Doch als an jenem Mittwoch die internationale Funkte-legrafiekonferenz in Berlin beginnt, ist noch nicht sicher, dass sich der Vorschlag durchsetzen lässt. Zwei Funksysteme kon-kurrieren um die Vorherrschaft, mit lebensgefährlichen Folgen: Stationen der italienisch-britischen Firma Marconi dürfen keine Nachrichten weiterreichen, die von Konkurrenzfirmen ausge-strahlt werden. Auch diese erste Weltkonferenz zur Funktele-grafie ändert daran nur wenig. Das Notsignal »SOS« setzt sich allein deshalb am Ende durch, weil es auch bei schlechter Ver-bindung leicht erkannt werden kann, im Gegensatz zum bishe-rigen Marconi-Notsignal »CQD«. Eine bedeutungsvolle Abkür-zung ist »SOS« nicht – nur die prägnante Abfolge der Pieptöne hat ausgerechnet diese Buchstaben zum Notruf gemacht. Nach der Konferenz dauert es noch Jahre, bis der Funkverkehr welt-weit standardisiert ist. Erst der Untergang der »Titanic« 1912 zwingt die Verantwortlichen zu einer Einigung.

# 29. September 1954

# Schnelle Teilchen in der Schweiz

Zwölf europäische Staaten gründen ein gemeinsames Kernforschungszentrum: Das CERN. Als Standort wird die neutrale Schweiz gewählt, ein Gelände in der Nähe von Genf. Sehr bald konzentriert sich die Forschung am CERN auf die Grundlagen der Materie. Forschungsmethode bis heute: Man lässt mit immer größerer Wucht Elementarteilchen aufeinander prallen und beobachtet, wie und in was sie zerlegt werden. Für solche Experimente benötigt man Beschleuniger, lange Bahnen oder ringförmige Anlagen mit unzähligen Magneten. Deshalb ist das Gebiet um das CERN von kilometerlangen Tunneln durchzogen wie Schweizer Käse. Das CERN ist seit der Jahrtausendwende das Mekka der Grundlagenforschung: Mit dem weltweit stärksten Beschleuniger namens LHC soll der Aufbau der Materie endlich vollständig verstanden werden. Kritiker fürchten, der LHC könne unkontrollierbare Phänomene auslösen. Die Physiker des CERN bleiben gelassen – die natürliche kosmische Strahlung ist wesentlich energiereicher als der Teilchenstrahl unter der Schweiz.

# Schluss mit den Schmerzen

Der Dentist William Morton wartet in Boston ungeduldig auf einen Patienten mit richtig heftigen Zahnproblemen. Morton ist sich sicher: Er ist in der Lage, einen Zahn völlig schmerzfrei zu ziehen. Der Zahnarzt ohne Universitätsabschluss hat mit Äther experimentiert. Das Lösungsmittel versetzt Menschen beim Einatmen in einen Rausch, bei hoher Konzentration tritt Bewusstlosigkeit ein. William Morton hat das an Tieren, dann an sich selbst ausprobiert. An jenem Mittwoch ist es so weit: Der Patient Eben Frost hat so starke Schmerzen und so große Angst vor dem bevorstehenden Ziehen des Zahns, dass er einwilligt, auf eigene Gefahr Äther einzuatmen. Für etwa eine Minute ist Mister Frost bewusstlos – genug Zeit für den Arzt, das Corpus Delicti zu reißen. Ein voller Erfolg. Eben Frost bestätigt nach dem Aufwachen, absolut nichts gespürt zu haben. Das spricht sich sofort herum und ist der Beginn der Anästhesie. Äther wird seit diesem Tag bei ganz unterschiedlichen Operationen erfolgreich verwendet. Heute setzen Ärzte die Substanz wegen ihrer Nebenwirkungen nicht mehr als Betäubungsmittel ein.

# 11. August 1897

# Geheimnis um... eine Kinderbuchautorin

Eine der meistgelesenen Schriftstellerinnen des 20. Jahrhunderts wird geboren. Ihre Kindheit in London ist schwierig, die Eltern trennen sich früh. Für ihre Mutter wird die Tochter später nichts mehr empfinden. In den Büchern von Enid Blyton entfaltet sich eine andere, glücklichere Welt voller Abenteuer. »Fünf Freunde«, »Geheimnis um ...«, »Hanni und Nanni« – nur eine kleine Auswahl ihrer Buchreihen für junge Leser. Blytons Werke verkaufen sich vom Start weg blendend, aber Literaturkritiker äußern sich herablassend. Einfach sei ihre Sprache, die Geschichten mittelmäßig. Von der BBC wird die Bestsellerautorin konsequent ignoriert. Privat bleibt Blytons Leben ebenfalls kompliziert. Eine ihrer Töchter beschreibt ihre Mutter später als herrisch, unreif und kalt. Die andere Tochter berichtet das Gegenteil. Der Autorin wird auch vorgeworfen, überholte Rollenmuster und Unterordnung zu fördern. Die Leser stört das nicht. In mehr als 700 Büchern von Enid Blyton können Kinder Abenteuer ungestört ausleben, Erwachsene sind oft nur Störfaktoren.

# Die Chips des zornigen Kochs

In einem Speiselokal etwa 300 Kilometer nördlich der Stadt New York lässt ein Gast die Bratkartoffeln zurückgehen. Sie seien nicht dünn genug, lässt er den Koch wissen. Der Gast ist wagemutig, denn der Koch von Moon's Restaurant in Saratoga Springs gilt als unberechenbar. Je nach Laune schickt Küchenchef George Crum auch mal einen Teller zum Gast zurück, auf dem sich dann absichtlich ungenießbarer Fraß stapelt. So auch in diesem Fall: Weil der Gast seine Kartoffeln ein zweites Mal moniert, hobelt George Crum die Erdäpfel papierdünn, versalzt sie und brät sie hart durch. Der Koch freut sich auf die Grimasse des kritischen Essers. Doch es kommt anders: Der Gast ist begeistert von diesen knusprigen Kartoffelschnitzen, auf Englisch: Chips. »Saratoga Chips« heißt fortan die unfreiwillige Erfindung, die zu Beginn des 20. Jahrhunderts ihren Siegeszug in Amerika antritt. Obwohl nicht ganz sicher ist, wie sich der Abend in dem Restaurant wirklich zugetragen hat, markiert er die Geburtsstunde der Kartoffelchips für Zwischendurch.

# 6. Juli 1785

## Dollar, Dollar, du musst wandern

Im Rathaus von New York City tagen die Vertreter einer jungen Nation, die noch nicht einmal eine Verfassung besitzt. Gerade haben die Vereinigten Staaten von Amerika die Kolonialzeit hinter sich gelassen, und so vieles muss nun geregelt werden. Auch die Frage: Womit soll bezahlt werden? In den bisherigen Kolonien gelten aufgrund von Handelsverwicklungen niederländische und spanische Münzen. Letztere nennt man »Dolares«, so lautet das spanische Wort für »Taler«. Der frischgebackene Staat beschließt, sich an die spanische Währung anzulehnen. Im Juli 1785 wird eine Währung namens »Dollar« zum offiziellen Zahlungsmittel erklärt und – damals revolutionär – im Zehnersystem unterteilt. Es dauert jedoch weitere sieben Jahre, bis der Staat eigene Münzen prägt. Die USA haben Schwierigkeiten, ein stabiles Finanzsystem aufzubauen. So werden noch bis 1857 jegliche Münzen aus Gold und Silber anerkannt, egal, in welchem Land sie geprägt wurden. Der Dollar ist heute die weltweite Leitwährung, hatte aber einen schwachen Start.

# Die Stadt der Löwen

Eine Insel vor Malaysia lässt die britische Kolonialzeit hinter sich. Hundertfünfzig Jahre zuvor siedelten nur ein paar Fischer in Singapur, übersetzt »Stadt der Löwen«. Für die Briten ist die Insel im 19. Jahrhundert ein wichtiger Handelsstützpunkt, die Bevölkerung wächst rasant. In den 1950er Jahren fordern die Singapurer ihre Unabhängigkeit, was die sogenannte »People's Action Party« mit ihrem Wahlsieg von 1959 in die Wege leitet. Eine Vereinigung mit Malaysia scheitert jedoch, so muss der Stadtstaat aus eigener Kraft sein Überleben sichern. Das prägt die Politik bis heute. Der erste Premierminister Lee Kuan Yew installiert ein System zwischen Demokratie und Diktatur. Singapur bietet einerseits Marktwirtschaft mit sozialen Sicherungssystemen, hat aber auch drakonische Gesetze. Drogenhändler werden gnadenlos hingerichtet, der Staat kontrolliert das Privatleben aller bis ins Kleinste. Singapur ist abhängig vom Nachbarn Malaysia. Selbst das Trinkwasser muss der Stadtstaat vom Festland beziehen. Dennoch ist Singapur heute wohlhabend.

# 17. Juni 1885

## New Yorks berühmteste Französin

Hunderttausende Schaulustige begrüßen im Hafen von New York die französische Fregatte »Isère«. Das Schiff transportiert eine ungewöhnliche Fracht: Die Freiheitsstatue, zerlegt und verpackt in 214 Holzkisten. Bei einem Abendessen französischer Intellektueller zwanzig Jahre zuvor war die Idee geboren worden: Man wolle die Freiheit gemeinsam mit den unabhängigen Amerikanern würdigen und in einem Monument verewigen. Der Bildhauer Frederic Bartholdi entwirft eine Statue und findet auf beiden Seiten des Atlantiks Unterstützer für das Projekt. Mit Hilfe von Spenden und Sponsoren kann Frankreich die Kupferstatue finanzieren, die USA sollen den Sockel stiften. Wegen einer großen Wirtschaftskrise ab 1873 aber sind viele Amerikaner nicht begeistert von dem Geschenk aus Europa, kaum jemand will für das Monument Geld geben. Doch schließlich können die Befürworter das Interesse ankurbeln, Spenden fließen. Die 46 Meter hohe Lady Liberty nimmt ihren Platz als Wahrzeichen Amerikas ein.

# 22. Juni 1910

## Der Urvater der Computer

Berlin erlebt die Geburt eines Ingenieurs, der zu den Pionieren der Informationsgesellschaft gehört. Er heißt Konrad Zuse und wird den ersten voll programmierbaren Computer erfinden. Zuse baut das Gerät für sich selbst: Er ist Bauingenieur und hasst die mühsamen statischen Berechnungen. Der Gedanke einer Maschine, die Rechenaufgaben schneller lösen kann als der Mensch, ist damals nicht neu. Doch Zuse geht 1938 einen entscheidenden Schritt weiter und entwickelt die erste Maschine, die frei an jede beliebige Problemstellung angepasst werden kann. Sein Prototyp, die Z1, ist ein rein mechanisches Meisterstück, aber nicht zuverlässig. Zwei Jahre später nimmt Zuse die Z3 in Betrieb, einen elektromagnetischen Computer. Für den Krieg spielt die Erfindung keine Rolle mehr, obwohl sie den Nazis bekannt ist. Nach Kriegsende ist der Rechner von Konrad Zuse der erste Computer in ganz Europa. Zuse kann von seinen Erfindungen leben, aber den sagenhaften Reichtum der Gründer aus dem Silicon Valley erreicht er nie.

# 3. Mai 1775

## Schotte ändert die Spülregeln

Alexander Cummings spült einmal kräftig auf sein Wohl. Das darf man zumindest vermuten, denn immerhin hat Cummings das Patent für das erste richtige Wasserklosett erhalten. Nach dem Niedergang des römischen Reiches ist der Gang zur Toilette in Europa ein anrüchiges Trauerspiel. Der Grad an Hygiene, den die Römer erreicht hatten, versinkt für Jahrhunderte in dunklen Sickergruben. Der schottische Uhrmacher Cummings will das mit nur einem Handgriff verbessern, und er erfindet auch gleich das gekrümmte Abflussrohr als Geruchsverschluss. Ein Verkaufsschlager ist die Toilette zunächst nicht. Nur langsam finden seine und nachfolgende Erfindungen Interesse, aber um 1850 herum rauscht zumindest in London immer häufiger die Spülung. Allerdings gibt es noch keine Kanalisation. Die Themse verwandelt sich in eine furchtbare Kloake. Erst als Gestank und Krankheiten unerträglich werden, erhält die Millionenstadt ein Abwassersystem, wie es die Römer bereits 1.000 Jahre zuvor kannten.

## 16. Mai 1888

# Berliner legt auf

Knarzige Töne erklingen aus einem großen Trichter, der auf ein Holzgestell geschraubt ist. Vom Trichter führt ein Rohr zu einer Stahlnadel, die eine flache rotierende Scheibe abtastet. Emil Berliner, ein gebürtiger Hannoveraner, führt in Philadelphia an der amerikanischen Ostküste das Grammophon vor. Seine Erfindung ist gleichzeitig die Geburtsstunde der Schallplatte, und die hat dem Phonographen von Konkurrent Edison etwas voraus: Eine Tonaufnahme kann mit Hilfe der Schallplatte massenhaft reproduziert werden. Mit Edisons Gerät ist das nicht möglich. Zunächst sind die Schallplatten aus Hartgummi, wenig später aus Schellack, oder genauer: Aus einer Mischung von Baumwollflocken, Ruß und Schiefermehl mit dem harzigen Sekret der Lackschildlaus als Bindemittel. Vor der Erfindung von Kunststoffen wird dieses Naturmaterial massenhaft aus Asien importiert. Das Grammophon und sein Nachfolger, der Plattenspieler, erobern die Welt. Eine bewährte Technik, die nun schon seit über 100 Jahren in Gebrauch ist.

**19. Mai 1965**

# Ein ehrwürdiger Riese stirbt

Im Südseeparadies der Inselgruppe Tonga schiebt sich eine Schildkröte von der Größe eines Staubsaugers bedächtig über den Rasen. Es sind ihre letzten Schritte, dann stirbt Tu'i Malila an Altersschwäche. Über 180 Jahre lang fristete das Reptil aus der Art der Strahlenschildkröten sein genügsames Dasein im Schutz der königlichen Familie von Tonga. Der Entdecker James Cook persönlich hatte die Schildkröte um 1770 herum als Geschenk mitgebracht. Der Name »Strahlenschildkröte« leitet sich vom Aussehen des Panzers ab: Gelbe Flecken zerfließen strahlenförmig auf dem Gehäuse. Tu'i Malila ist aber nicht der Methusalem unter den Schildkröten: Den offiziellen Rekord hält die männliche Riesenschildkröte Adwaita, die 2006 in einem indischen Zoo stirbt. Adwaita wurde 255 Jahre alt. Er und Tu'i Malila traten ihre erste Reise noch auf Segelschiffen an. Die Dampfmaschine war gerade erst erfunden – und Charles Darwin sammelt *seine* Schildkröten erst ein, als die beiden Rekordhalter schon fast 100 Jahre alt sind.

## 30. Mai 1431

# Das Mädchen in der Ritterrüstung

Sie ist erst 19 Jahre alt, die junge Frau, die auf einem Scheiterhaufen im französischen Rouen stirbt. Jahre später wird die Kirche Johanna von Orleans, wie sie bei uns genannt wird, heiligsprechen. Doch das Urteil der Inquisition lautet 1431 Tod auf dem Scheiterhaufen wegen Ketzerei, letztlich eine politische Intrige. Zu Beginn des 15. Jahrhunderts sind die Verhältnisse in Frankreich hoffnungslos. Man spricht vom Hundertjährigen Krieg – so lange hatten die Engländer in Verbindung mit dem Haus Burgund weite Teile Frankreichs in ihrer Gewalt. Ständige Gefechte machen den einfachen Menschen das Leben zur Hölle. Das Bauernmädchen Jeanne d'Arc aber berichtet 1425 von einer Vision. Heilige und Engel hätten ihr befohlen, Frankreich von den Engländern zu befreien. Jeanne wirkt offenbar so überzeugend, dass die Fürsten die junge Frau unterstützen. Und tatsächlich: Das Mädchen in der Ritterrüstung an der Spitze der Soldaten drängt die Besatzer zurück. Doch als diese ihrer habhaft werden, ist ihr Schicksal besiegelt.

## 21. März 1804

# Napoleon macht die Gesetze

In Paris erscheint ein Buch, dessen schlichte erste Zeile Ausdruck einer Revolution ist: »Zur Veröffentlichung und sofortigen allgemeinen Anwendung des Rechts«. Soeben ist der »Code Civil« in Kraft getreten, eines der ersten modernen Gesetzbücher. Dem Titel entsprechend geht es um Zivilrecht, also die Beziehungen und Pflichten der Bürger im Alltag. Herausgeber ist ein gewisser Napoleon, der mit seinen Truppen etliche Gebiete in Europa vereinnahmt hat. So kommt es, dass der Code Civil zur Vorlage einer Unmenge von Gesetzestexten wird, die in vielen Staaten noch heute gelten. Das Werk wurde während der französischen Revolution begonnen und greift ihren wichtigsten Gedanken auf: Die Gleichheit aller Bürger vor dem Gesetz. Auch die Trennung von Kirche und Staat ist im Code Civil festgeschrieben. Insgesamt ein großer Fortschritt – zuvor galt eine unübersichtliche Mischung aus Gewohnheitsrecht und Gesetzen aus römischer Zeit. Der Code Civil legt also den Grundstein des modernen Rechtsstaates.

## 24. März 1756

# Rein in die Kartoffeln!

»Wo nur ein leerer Platz zu finden ist, soll die Kartoffel angebaut werden«, befiehlt der preußische König Friedrich II., auch bekannt als der »Alte Fritz«. Die Kartoffel war mit den Konquistadoren aus Südamerika zurückgekehrt. Zunächst gedeiht die Knolle wegen ihrer schönen Blüten aber nur in Botanischen Gärten; ein Genuss für den Gaumen wird diesseits des Atlantiks in der Frucht anfangs nicht gesehen. Zur Schweinemast baut man gelegentlich »Tartuffeln« an, wie sie damals genannt werden – aber nicht als Beilage zum Sonntagsbraten. Friedrich II. und andere werden erst hellhörig durch die hohen Erträge verglichen mit Getreide. Also ordnet der König in seinem sogenannten »Kartoffelbefehl« an, die Ernährung auch mit Hilfe der Erdäpfel zu sichern. Obwohl die Kartoffel unseren Speisezettel heute definitiv bereichert, ist ein Anbau *anstelle* von Getreide keine gute Idee. Millionen von Menschen verhungern im Irland des 19. Jahrhunderts nach Missernten durch die Pflanzenkrankheit Kartoffelfäule – Ersatz ist auf den Äckern nicht verfügbar, weil das Land seine Bewohner fast nur noch mit Kartoffeln ernährt.

# 8. Februar 1865

# Erbsenzähler begründet die Genetik

Wir sind in Brünn, heute unter dem Namen Brno die zweitgrößte Stadt Tschechiens. 1865 gehört Brünn zu Österreich-Ungarn und ist ein Zentrum der Wissenschaft und Industrialisierung. Ein Augustinermönch hält an jenem Abend einen Vortrag im Naturforschenden Verein. Es geht um Erbsen. Der Mönch hat sie im wahrsten Sinne des Wortes gezählt. Er hat sie verglichen, gekreuzt, die Vererbung ihrer Merkmale statistisch ausgewertet. Etwa 28.000 Pflanzen hat Gregor Mendel innerhalb von acht Jahren untersucht. Das Ergebnis ist der Beweis, dass es für die Vererbung genetischer Anlagen feste Regeln gibt. Doch Mendels Erkenntnisse werden ignoriert und vergessen. Erst um 1900 stoßen Biologen wieder auf seine Arbeiten, 16 Jahre nach seinem Tod. Die Forscher erkennen endlich, dass Gregor Mendel schon 1865 die Basis für die moderne Genetik vorgelegt hat.

# Der Kalender des Papstes

Dieser Mittwoch wird rückwirkend zum Samstag. In einer Urkunde, einer sogenannten »Bulle«, befiehlt Papst Gregor XIII. etwas Unglaubliches: Im Oktober desselben Jahres werden zehn Tage einfach gestrichen. Auf den 4. Oktober habe direkt der 15. zu folgen. Bei Zuwiderhandlung droht Exkommunikation. Papst Gregor hat soeben den »Gregorianischen Kalender« eingeführt. Grund: Der bisherige julianische Kalender ist zu ungenau und verschiebt das Osterfest immer später ins Sonnenjahr hinein. Kirchengelehrte hatten Jahrhunderte diskutiert, wie man dieses Problem lösen sollte, das Ergebnis sind unter anderem Schaltjahre. Entsprechend kompliziert ist die Umrechnung von einem in den anderen Kalender, und überhaupt gilt der gregorianische von 1582 keineswegs weltweit. Einige Kulturkreise führen das System erst zu Beginn des 20. Jahrhunderts ein, andere bis heute gar nicht. Im islamischen Kalender haben wir nicht 2015 sondern 1434, im jüdischen 5775 und im chinesischen das 32. Jahr des 78. Zyklus.

# 6. Januar 1926

## Der Kranich hebt ab

Am Dreikönigstag gründen die Reederei Norddeutscher Lloyd und der Flugzeughersteller Junkers eine neue Firma: Die »Deutsche Luft Hansa«. Flugverkehr ist im Jahr 1926 eine intime Angelegenheit. Vier Passagiere kommen etwa in der Junkers F-13 auf zwei Mann Besatzung. Stewardessen und Verpflegung Fehlanzeige. Immerhin ist die kuschelige Kabine geschlossen, beheizt und beleuchtet und bietet, damals sehr innovativ, Sicherheitsgurte. Ein Jahr nach Gründung hat der Lufthansa-Kranich über 1.000 Mitarbeiter und über sechs Millionen Flugkilometer auf dem Buckel. Die Firmenbosse drehen das Ruder von Beginn an eilfertig nach dem Wind, bestechen einen gewissen Göring und stellen Hitler schon im Wahlkampf ein kostenloses Flugzeug. Entsprechend bleibt nach Kriegsende kein Krümelchen der alten Lufthansa. Erst am 6. Januar 1953 wird, noch unter dem Namen LUFTAG und in staatlicher Hand, die Bahn frei gemacht für einen Neubeginn.

## 13. Januar 1943

# Notausstieg im Sitzen

Testpilot Fritz Schenk fühlt sich für Sekundenbruchteile zwölf Mal schwerer als sonst. Er ist der erste Mensch, der mit einem Schleudersitz aus dem Flugzeug aussteigt. Schenk überlebt unverletzt. Natürlich ist dies eine Erfindung der Kriegsmaschinerie, und zu ihrer Erprobung werden von den Nazis auch KZ-Häftlinge eingesetzt. Der Schleudersitz wird aber in mehreren Ländern parallel entwickelt und rettet später vielen Militärpiloten auf der ganzen Welt das Leben. Ein spaßiges Fahrgeschäft ist so ein Sitz nicht: Die extreme Beschleunigung beim Abschuss kann zu Brüchen in der Wirbelsäule führen. Heutige Modelle erlauben auch den Ausstieg bei Höhe Null, sprich am Boden. Dabei wird der Pilot per Raketentreibsatz etwa 60 Meter in die Höhe geschossen, damit eine Fallschirmlandung möglich ist. Seit dem ersten Ausstieg 1943 verdanken weit über 7.000 Piloten dem Schleudersitz ihr Leben.

# 17. Januar 1685

# Griechisch-Türkisch-Österreicher Kaffee

Die Stadt Wien wird zu dem, was sie heute ist – das erste Wiener Kaffeehaus eröffnet. Diese großartige Errungenschaft hat rein gar nichts mit der Belagerung Wiens durch die Türken zu tun. Jene Version der Geschichte ist eine Legende. Vielmehr erhält ein Armenier namens Owanes Astouatzatur das erste kaiserliche Privileg zum Kaffeeausschank – als Dank für Kurierdienste zwischen Wien und der Türkei. Im 17. Jahrhundert hat man's im Volk noch nicht so mit der Geographie. Daher machen die Wiener aus dem Armenier kurzerhand einen Griechen und nennen ihn der Einfachheit halber Johannes Diodato. Überhaupt wird damals jeder, der irgendwie vom Balkan oder aus Vorderasien stammt, eben als »Grieche« bezeichnet. Diese Gruppe von Zuwanderern eröffnet ein Kaffeehaus nach dem anderen. So wird am 17. Januar 1685 die griechische Tradition des Wiener Kaffeeausschanks nach türkischer Art eingeläutet.

# Das dubiose Zündholzmonopol

Die Weimarer Republik ist nach dem Börsenkrach von 1929 arm wie eine Kirchenmaus. So kommt der schwedische Industrielle Ivar Kreuger gerade recht: Er bietet einen Kredit über 125 Millionen US-Dollar zu sechs Prozent Zinsen. Bedingung: Kreugers Firma erhält für die Kreditlaufzeit von 40 Jahren ein staatlich garantiertes Monopol auf die Herstellung von Zündhölzern. Kreuger ist NSDAP-Spender und auch sonst alles andere als ein Wohltäter. In etlichen weiteren Ländern mit Geldproblemen sichert er sich auf ähnliche Weise ein Zündwarenmonopol. Die ganze Aktion ist aber letztlich ein riesiges Finanzroulette. Als einige Kreditnehmer die Raten nicht mehr bedienen können, zerbricht das Konstrukt. Kreuger wird 1932 erschossen aufgefunden. Dessen ungeachtet gilt der Vertrag mit seiner Firma, verlängert noch durch den Zweiten Weltkrieg: In Deutschland wird Konkurrenz auf dem Zündholzmarkt erst 1983 wieder zugelassen, 53 Jahre nach dem 29. Januar 1930.

# 3. November 1954

# Godzilla steigt aus dem Meer

Im Sturm, der über die Insel Odo fegt, verbirgt sich das Verderben: Eine Mischung aus Eidechse, Gorilla und Dinosaurier. Godzilla! Das Monster aus dem Meer stapft durch den bis dato teuersten japanischen Film. Dennoch reicht das Geld nicht für Hollywood-Tricktechnik, so muss der Schauspieler Naruo Nakajima in einem fast 100 Kilo schweren Latexkostüm durch Modellkulissen trampeln. Der Monsterfilm wird schlechter Kritiken zum Trotz nicht nur ein finanzieller Erfolg, sondern auch ein weltberühmter Exportschlager, der sein Genre mitprägt. Unter der trivialen Oberfläche des Action- und Trickspektakels rumort in »Godzilla« die noch frische Erinnerung an eine furchtbare kollektive Erfahrung: Die Atombombenabwürfe auf Japan. In der Filmhandlung wird das schlafende Urmonster durch Kernwaffentests aufgeweckt, die Angst vor der radioaktiven Kraft trägt letztlich die Handlung. Auch deshalb gilt das erste Godzilla-Abenteuer von 1954 im Gegensatz zu einigen Fortsetzungen nicht als minderwertiger Horrorfilm, sondern als Klassiker.

# 18. November 1626

## Über 40 Altäre in einer gigantischen Kirche

Papst Urban VIII. weiht den neuen Petersdom, angeblich genau 1300 Jahre nach der Widmung der ersten Basilika über dem Grab des Petrus. Der Papst aus dem Geschlecht der Barberini leitet die Zeremonie über 120 Jahre nach der Grundsteinlegung eines der größten Gotteshäuser überhaupt. Es verschlingt Materialmengen, die nur mit großer Mühe aufgebracht werden können und teils anderen historischen Gebäuden entnommen werden. Die Römer spotten über diese Plünderung ihrer Stadt: »Was den Barbaren nicht gelungen ist, schaffen nun die Barberini«. Rund 800 Säulen, über 40 Altäre, Raum für 20.000 Gläubige. Die besten Künstler ihrer Zeit gestalten den Dom: Bramante, Bernini, Michelangelo. Der bronzene Baldachin über dem zentralen Altar ist so hoch wie ein zehnstöckiges Haus und wirkt dennoch klein unter der Kuppel, die erst 130 Meter über dem Boden abschließt. Wie dieses riesige Gotteshaus 1626 auf die Menschen gewirkt hat, lässt sich heute kaum erahnen.

# 8. Oktober 1958

## Schritt für Schritt in ein neues Leben

Der 43-jährige Elektroingenieur Arne Larsson hat eine elektronische Schaltung in seiner eigenen Brust. Neben seinem Herzen liegt ein rundes Stück Kunstharz in der Größe eines Hockeypucks, in Form gebracht mit Hilfe einer Schuhcremedose. Im Kunstharzblock sind unter anderem ein Akku und zwei Transistoren vergossen. Die Schaltung gibt 70 Mal pro Sekunde einen elektrischen Puls ab, der das kranke Herz von Arne Larsson stimuliert. Der Patient hat den ersten implantierten Herzschrittmacher erhalten. Larsson leidet zuvor am Stokes-Adams-Syndrom: Sein Herz setzt immer wieder ohne Vorwarnung kurz aus, der Schwede fällt in Ohnmacht. Um die 20 Mal pro Tag ereilt ihn der Beinahe-Herztod. Herzchirurg Åke Senning und der Ingenieur Rune Elmqvist wagen in Stockholm den riskanten Schritt, Larsson mit dem experimentellen Schrittmacher zu retten. Sie haben Erfolg. Zwar funktioniert das erste Exemplar nur drei Stunden lang, doch die Ersatzgeräte halten immer länger durch. Larsson wird 86 Jahre alt. Sein Mut zur riskanten Pioniertat 1958 ermöglicht heute Millionen Herzpatienten ein normales Leben.

# Disney probiert's mal mit Gemütlichkeit

Balu der Bär empfiehlt seinem Schüler Mowgli, sich auf die einfachen Bedürfnisse zu konzentrieren. »The Bare Necessities« heißen die auf Englisch, und darüber singt Balu ein weltbekanntes Lied. Walt Disneys »Dschungelbuch« erobert die Kinoleinwand. Der Zeichentrickfilm, nur 72 Minuten kurz, basiert auf einem Erzählband des britischen Literaturnobelpreisträgers Rudyard Kipling. Er schreibt das originale »Dschungelbuch« schon 1894. Der Zeichentrickfilm, der letzte unter Mitwirkung von Walt Disney selbst, ist vor allem in Deutschland ein großer Erfolg und ein Klassiker im Kinderzimmer. Das liegt nicht zuletzt an der Musik und launigen Liedtexten: Heinrich Riethmüller, bekannt als Leiter der Rhythmusgruppe in »Dalli Dalli«, überträgt die Songs sehr frei ins Deutsche. Dabei wird aus den »Bare Necessities« der Evergreen »Probier's mal mit Gemütlichkeit«. Erwachsen betrachtet hat Disneys Film von 1967 ein paar unangenehme rassistische Untertöne – darum schauen wir »Das Dschungelbuch« lieber weiter nur mit Kinderaugen.

# 14. September 1849

## Der Russe mit der Glocke

In der Stadt Rjasan südlich von Moskau wird der Pfarrerssohn Iwan Petrowitsch Pawlow geboren. Er wird später Physiologe, also ein Biologe und Mediziner, der die übergreifende Funktionsweise von Organismen untersucht. Obwohl sich Pawlow schnell einen Namen macht, forscht er unter ärmlichsten Bedingungen. Am Veterinärinstitut von St. Petersburg wird der spätere Nobelpreisträger so schlecht bezahlt, dass er sich keine Mietwohnung leisten kann und im Labor schlafen muss. Reflexe sind Pawlows Spezialgebiet. Er beobachtet, dass Hunden das Wasser im Mund zusammenläuft, sobald sie Futter erwarten. Einfache Experimente beweisen, dass die Psyche im Spiel ist: Bei jeder Fütterung wird eine Glocke geläutet. Lässt man später das Futter weg und läutet *nur* die Glocke, läuft beim Hund trotzdem der Speichel. Der »pawlowsche Hund« zeigt die sogenannte Konditionierung des Gehirns. Allein die Erwartung bekannter Ereignisse und Erlebnisse löst körperliche Reaktionen aus. Bei Pawlows Hund wie auch bei uns Menschen.

# Kampfansage an die Mogelpackung

Die Bundesregierung unter Konrad Adenauer stellt sich an die Seite der sogenannten Verbraucher. Das Kabinett beschließt, Waren aller Art nach streng wissenschaftlichen Kriterien auf ihre Qualität prüfen zu lassen. Mit Bundesmitteln wird die »Stiftung Warentest« gegründet, eine unabhängige Organisation, die sich heute überwiegend aus dem Verkauf der Testberichte finanziert. In der Warenflut des deutschen Wirtschaftswunders kann der Kunde Qualität nicht mehr selbst vergleichen. Schwarze Schafe in der Industrie versuchen ungeniert, mit Mogelpackungen, Billigzutaten und anderen Betrügereien den freien Markt für ihr Unternehmen zu verbiegen. Die »Stiftung Warentest« soll mit hieb- und stichfesten Prüfmethoden dagegenhalten. Vor ihrer Gründung laufen Teile der Industrie Sturm gegen die Veröffentlichung von Testurteilen. Ein Gericht erklärt öffentliche Warentests aber für zulässig. Seit 1964 bedeutet ein negatives Urteil der »Stiftung Warentest« meist das schnelle Ende qualitativ schlechter Produkte und ihrer Hersteller.

# 7. August 1912

## Strahlung aus dem All

Gegen dreiviertel elf Uhr vormittags wird Victor Franz Hess zunehmend übel. Die dünne Luft in 5.300 Metern Höhe südöstlich von Berlin bekommt ihm und den beiden anderen Ballonfahrern nicht, sie lassen ihr Luftfahrzeug langsam sinken. Der österreichische Physiker hat ohnehin genügend Daten über ein merkwürdiges Phänomen gesammelt: Entfernt man sich von der Erdoberfläche, nimmt die natürliche radioaktive Strahlung aus dem Gestein langsam ab, doch in großen Höhen tritt erneut eine starke Strahlungsenergie auf. Sie kann nicht von der Erde ausgehen, muss also aus dem Weltall stammen. Victor Franz Hess hat die Kosmische Strahlung entdeckt. Am Boden schützt uns das Erdmagnetfeld, im Flugzeug bekommen wir jedoch eine kräftige Dosis ab. Einen Teil der Kosmischen Strahlung erzeugt der Sonnenwind, der auch die Polarlichter auslöst. Weitere Quellen vermuten Astrophysiker in weit entfernt explodierenden Sternen. Victor Franz Hess wird für seine Entdeckung 1936 mit dem Nobelpreis geehrt.

# Mini-Auto erobert die Herzen

Britische Motorjournalisten kehren mit einer kleinen Sensation in die Redaktionen zurück. Der Autohersteller British Motor Corporation bringt einen revolutionären Kleinwagen auf den Markt, der auf der Teststrecke alle Erwartungen übertrifft: Den »Mini«. Kaum länger als drei Meter, knapp 650 Kilogramm leicht, winzige Räder. Der gebürtige Grieche Alec Issigonis hat das Raumwunder entworfen, das sich fährt wie ein Rennwagen. Vier Personen und Gepäck finden in seiner winzigen Karosserie Platz. Nicht nur die Erfinderin des Minirocks, Mary Quant, verliebt sich sofort in die »Handtasche auf Rädern«, wie sie den Wagen nennt. Über fünf Millionen Mal wird das Erfolgsmodell produziert. Sogar im Rallyesport fährt die geniale Konstruktion viele Siege ein. Doch der Hersteller hat ein Problem: In der Kostenkalkulation gibt es einen Rechenfehler, das Modell wirft kaum Gewinn ab. Zudem ist die Fertigung mit über 3.000 Schrauben reine Handarbeit. Im Herbst 2000, 41 Jahre nach den ersten Testberichten, endet die Produktion des urbritischen Mini.

# 3. Juli 1935

# Knattern für den Führer

In Stuttgart knattert ein Boxermotor. Mitglieder des Reichsautomobilverbandes nehmen den ersten Prototyp des »Volkswagens« in Augenschein. Der Ingenieur Ferdinand Porsche führt ihn vor. Der Kleinwagen ist ein Lieblingsprojekt von Adolf Hitler. Ein billiges Auto, das den Massen versprochen wird, dient dem Diktator als Prestige- und Propagandaprojekt. Porsche liefert die Konstruktion für diesen »Kraft-durch-Freude-Wagen«, der letztlich erst nach Kriegsende als VW Käfer in Wolfsburg vom Band rollt. Der Konstrukteur muss seinen engen Kontakt zum Führer ausgiebig nutzen, denn das Projekt droht mehrfach an Kosten und Vorgaben zu scheitern. Das Auto basiert im übrigen auf Vorarbeiten anderer Ingenieure, die teilweise in den 1950er Jahren ihre Ansprüche erfolgreich einklagen: Der legendäre Viersitzer mit Heckmotor geht in weiten Teilen zurück auf Konzepte der Ingenieure Béla Barényi, Josef Ganz und Hans Ledwinka. Der Begriff »Volkswagen« ist nämlich keine Erfindung der NS-Machthaber. Schon in der Weimarer Republik fordern zahlreiche autobegeisterte Techniker ein Auto für jedermann im Sinne des amerikanischen »Ford Model T«.

# Der wandernde Magnet

Die Nadel, in der Mitte an einem waagerechten Seidenfaden aufgehängt, neigt sich senkrecht nach unten. Eine weitere Nadel, durch die ein senkrechter Seidenfaden verläuft, dreht sich willkürlich in alle möglichen Richtungen. Der Polarforscher James Clark Ross hat den magnetischen Nordpol gefunden, den Punkt, auf den sich eine waagerechte Kompassnadel ausrichtet, wenn man weit genug entfernt ist. Dieser Ort liegt zwar hoch im Norden, aber keineswegs an derselben Stelle wie der geographische Nordpol. Die Messgeräte führen Ross mit Hilfe einheimischer Inuit auf eine Halbinsel, die zum kanadischen Festland gehört. Sie liegt etwa 1.000 Kilometer südlich des eigentlichen Nordpols. Die Expedition 1831 wird von einem Gin-Hersteller namens Booth gesponsert. Daher erhält die Halbinsel den Namen des Gönners: Boothia. Heute befindet sich der magnetische Nordpol nicht mehr dort, denn er wandert 30 bis 50 Kilometer pro Jahr, derzeit Richtung Sibirien. Die Ursache ist unklar. Man vermutet, dass eine unregelmäßige Drehbewegung von flüssigem Metall im Erdkern das veränderliche Magnetfeld unseres Planeten erzeugt.

# 15. Juni 1667

# Fremdes Blut rettet Leben

Ein simpler Schlauch verbindet den 15-jährigen Jungen mit dem Blutkreislauf eines lebenden Lamms. Etwa ein Drittelliter Lammblut fließt in den Körper des Teenagers, dann stoppt Jean-Baptiste Denis die Prozedur. Sie geht als erste dokumentierte Bluttransfusion in die Geschichte ein, doch dass der Patient am völlig artfremden Lammblut nicht stirbt, ist nur ein glücklicher Zufall. Denis, ein Leibarzt Ludwigs des XIV., weiß noch nichts über Blutgruppen und Immunreaktionen. Der junge Patient, welcher an einem Fieber litt und viel zu oft zur Ader gelassen worden war, erholt sich nach der gefährlichen Prozedur. Viel wahrscheinlicher wäre gewesen, dass sein Blut verklumpt und der Kreislauf vollends zum Erliegen kommt. So bleibt diese Transfusion auch der einzige erfolgreiche Versuch von Denis, andere Patienten sterben unter schlimmen Qualen. Erst zweihundert Jahre später wagt sich wieder ein Arzt an die Bluttransfusion, diesmal jedoch von Mensch zu Mensch: James Blundell gelingen in London etliche erfolgreiche Übertragungen, so dass die Methode weiter untersucht wird und heute sicher angewendet werden kann.

## 18. Mai 1966

# Moby Dick im Rhein

Um halb zehn Uhr vormittags rufen Binnenschiffer einem Polizeiboot zu, sie hätten eben einen fünf Meter langen weißen Fisch gesehen. Die Wasserschutzpolizei geht längsseits und bittet die Matrosen erst zum Alkoholtest, bevor sie das Boot wendet und das Wasser nach dem vermeintlichen Fisch absucht. Und tatsächlich: Auf der Höhe von Duisburg schwimmt ein strahlend weißes Tier im verdreckten Fluss. Es ist kein Fisch, sondern ein Beluga-Wal, stellt der eilig herbeigerufene Zoodirektor aus Duisburg fest. Der hat seinen Job gerade erst angetreten und wittert die Chance auf einen Publicity-Coup – er will den Wal betäuben und einfangen. Doch »Moby Dick«, wie die Presse den Wal tauft, ist schlau und entkommt. Belugas leben eigentlich im Polarmeer – wie verirrt sich einer von ihnen in den Rhein? Vor England ist kurz zuvor im Sturm ein Beluga von einem Frachter gefallen, der den Wal in den Londoner Zoo liefern sollte. Vielleicht ist er dieser »Moby Dick«, jedenfalls schwimmt der Wal ganze vier Wochen im damals extrem schmutzigen Rhein auf und ab, bis er im Juni 1966 den Weg zurück in die Nordsee findet.

## 24. April 1974

# Der Spion im Kanzleramt

Der Spion trägt nur einen Bademantel, als er den Beamten öffnet. Um halb sieben Uhr morgens wird in Bad Godesberg bei Bonn Günter Guillaume verhaftet, ein persönlicher Referent von Bundeskanzler Willy Brandt. Guillaume legt sofort ein Geständnis ab. Er und seine Ehefrau Christel waren 1956 von der DDR nach Westdeutschland eingeschleust worden. Guillaume tritt in die SPD ein und dringt im Lauf der Jahre immer weiter in den Führungskreis der Partei vor. Als Willy Brandt 1969 Regierungschef wird, bewirbt sich Guillaume über Frankfurter Parteifreunde um einen Posten im Kanzleramt. Wie üblich läuft nun eine geheimdienstliche Überprüfung an. Es werden Hinweise entdeckt, die den Bewerber eigentlich belasten. Doch dann bleiben wichtige Informationen im bürokratischen Dschungel der Nachrichtendienste hängen. Guillaume wird eingestellt und schließlich einer der engsten Mitarbeiter des Kanzlers. Als andere DDR-Spione verhaftet werden, kommen die alten Verdachtsmomente wieder ans Licht. Guillaume fliegt auf. Als Konsequenz aus der Affäre tritt Willy Brandt 1974 zurück.

# Salzkrümel gegen die Gewaltherrschaft

Im Westen Indiens bricht eine Gruppe von 79 Menschen zu einem langen Fußmarsch auf. Gekleidet in einfache indische Tücher will die Gruppe 390 Kilometer nach Süden gehen, zu den Salzpfannen von Dandi. In den trockenen Monaten wird an der Westküste Meersalz höchster Qualität gewonnen, aber es gelangt nie in die Hände der meisten Einheimischen. Seit Jahrhunderten besteuert die Kolonialmacht England das indische Salz so hoch, dass die Einfuhr von Salz aus Großbritannien billiger ist. Aber selbst dieses Salz minderer Qualität ist für die meisten Inder zu teuer. Die Wanderer um Mahatma Gandhi gehen zum Meer, um dort Salz zu ernten. Unter britischer Herrschaft ist das eine Straftat. 24 Tage nach dem Aufbruch hebt Gandhi am Meer symbolisch einige Salzkrümel auf. Millionen tun es ihm überall im Land gleich. Gewaltloser, aber konsequenter Protest. Die Kolonialmacht reagiert hilflos mit unbarmherziger Härte, prügelt und verhaftet Inder, die ihr eigenes Salz herstellen. Die Steuer bleibt in Kraft. Gandhis Salzmarsch von 1930 ist erst der Anfang einer langen Wanderung bis zur indischen Unabhängigkeit.

# 7. Februar 1906

## Der letzte Kaiser

Als Pu Yi geboren wird, gehört die Macht im gewaltigen chinesischen Kaiserreich seiner gefürchteten Großtante Cixi. Das Haus, in dem der Junge zur Welt kommt, ist eine Villa nahe der Verbotenen Stadt. Politik und Verwandtschaftsverhältnisse im Reich der Mitte sind äußerst kompliziert, Intrigen umschlingen den Drachenthron. Im Alter von nur zwei Jahren sitzt Pu Yi selbst auf diesem Thron. Doch er ist nur eine Symbolfigur, hinter der sich die wahren Regenten verstecken: Verwandte, Minister, Eunuchen. Noch im Kindesalter muss Pu Yi wieder abdanken. Der junge Ex-Kaiser wächst zu einem Playboy heran, der seine Schuhe weder selbst binden kann noch darf: Er ist der Sohn des Himmels. Nach dem Einmarsch der Japaner im Norden Chinas wird er nochmals zum Kaiser ernannt, nun als Marionette der Besatzer. Etwas später ist Pu Yi Gefangener der Sowjets, anschließend der Kommunisten in China. Nach zehn Jahren Umerziehungslager wird aus dem einstigen Herrscher ein Gärtner im Botanischen Garten von Peking. Die Veränderungen, die der letzte chinesische Kaiser als Mensch überstehen muss, sind für uns kaum vorstellbar.

# Der Held der Blinden

In dem Örtchen Coupvray unweit von Paris kommt ein Junge zur Welt, der sein trauriges Schicksal in einen Triumph verwandeln wird. Louis ist Sohn eines Sattlermeisters. Im Alter von drei Jahren spielt der Kleine unbeaufsichtigt in der Lederwerkstatt des Vaters. Ein Stechwerkzeug fährt in sein Auge. Durch eine Infektion wird auch das andere Auge beschädigt, Louis erblindet vollständig. Doch der Kleine kann dank der Hilfe von Eltern und Kameraden ganz normal die Schule besuchen. Was er dort hört, lernt er einfach auswendig. Seine enorme Intelligenz fällt auf, er kann ein Internat für Blinde in Paris besuchen. Dort lernt der Junge die sogenannte Nachtschrift kennen, die ein Offizier ursprünglich für das Militär erdacht hat: Soldaten sollten mit Hilfe ins Papier geprägter Punkte im Dunkeln ihre Befehle entziffern. Der erst 11-jährige Louis Braille erweitert das ursprünglich primitive System grundlegend. Dank seiner Verbesserungen können Blinde genauso schnell lesen wie Sehende. Die taubblinde Autorin Helen Keller schreibt später: »Louis Braille war es, der den Goldenen Schlüssel fand, unser aller Gefängnis aufzuschließen.«

# 2. November 1988

## Der erste Computerwurm

Gegen 18 Uhr Ortszeit werden Computer an etlichen Universitäten weltweit plötzlich unerklärlich langsam. Der Beweis, dass das Internet sehr verwundbar ist: Ein Schadprogramm ist im noch jungen Netz unterwegs, der erste sogenannte Computerwurm. Das Programm verschickt sich selbst an andere Rechner und nistet sich ein, um sich selbst erneut zu verschicken. Dieser erste Wurm namens »Morris«, benannt nach seinem Erfinder, scheint harmlos, denn er macht nur dies: Er verschickt und kopiert sich. Allerdings ist er so programmiert, dass er auch auf ein und demselben Rechner immer wieder aufs neue gestartet wird. Dadurch werden andere Programme ausgebremst, bis der Computer auf Eingaben nicht mehr reagiert. Robert Tapan Morris, heute Universitätsprofessor, ist 23 Jahre alt, als er sein Programm auf das Internet loslässt – für den Studenten damals nur ein Experiment. Dennoch wird er zu einer Bewährungsstrafe verurteilt. Der Morris-Wurm verbreitet sich letztlich nur, weil viele Benutzer Passwörter verwenden, die das Programm errät – die größte Sicherheitslücke überhaupt.

Donnerstagsgeschichten

**Thor, der Donnergott** und Blitzschleuderer, gibt diesem Wochentag seinen Namen, auch heute noch unverkennbar. Andernorts verweist das zugehörige Wort auf den römischen Gott gleicher Funktion – Jupiter. Der französische »jeudi« lässt ihn deutlich durchscheinen. In Deutschland wird dem Donnerstag in jüngerer Zeit eine besondere Bedeutung zuteil: Da er in der Sieben-Tage-Woche die rechnerische Mitte bildet, wird 1989 der Donnerstagabend zum »Dienstleistungsabend« erklärt. Der »Lange Donnerstag« wird eingeführt. Zum ersten Mal seit Jahrzehnten dürfen alle Einzelhandelsgeschäfte in Deutschland bis 20 Uhr öffnen, an diesem einen Tag der Woche. Theoretisch sollen auch Banken und Behörden donnerstags länger öffnen, aber von dieser Möglichkeit wird zunächst allenfalls zaghaft Gebrauch gemacht. Verkäufer gehen auf die Barrikaden, die Abkürzung »Schlado« wird erfunden, »scheiß langer Donnerstag«. Man müsse verhindern, dass Familienleben nur noch im Schichtbetrieb stattfindet, sagt der Gewerkschaftschef des Handels. Seit 1956 darf in Deutschland nur von 7:00 bis 18:30 Uhr verkauft werden, dieses enge Zeitfenster ist weltweit fast ohne Beispiel. Im 19. Jahrhundert ist auch hierzulande die Situation für die Kunden noch paradiesisch: Läden haben vom Morgengrauen bis in den späten Abend geöffnet, auch Sonntags. Zum Nachteil der Beschäftigten, denn auch die täglichen Arbeitsstunden pro Person kann der Chef noch frei festlegen. Als Letzteres um 1900 zum Wohle der Arbeitnehmer eingeschränkt wird, werden die Ladenöffnungszeiten gleich mit gekappt. Erst mit dem Langen Donnerstag wagt sich Deutschland schrittweise auf andere Wege zum Geschäft.

# Der Sherlock Holmes von Frankreich

In einer französischen Kleinstadt südwestlich der Alpen kommt Edmond zur Welt, Sohn eines Ingenieurs. Später wird man ihn als »Sherlock Holmes von Frankreich« bezeichnen, denn Edmond Locard wird zum Begründer der modernen Spurensicherung. Warum Locard sich so sehr für Kriminalistik interessiert, ist nicht überliefert. Jedenfalls schließt er sein Studium als Doktor der Gerichtsmedizin ab und hängt wenig später ein Jurastudium an. Mit 30 Jahren unternimmt der Arzt und Jurist, der elf Sprachen spricht, ausgedehnte Reisen durch Europa – von einem Polizeipräsidium zum nächsten. Zurück in Frankreich ist er sich sicher: Jede Handlung eines Täters hinterlässt Spuren, die es zu sichern und zu interpretieren gilt. Was heute selbstverständlich klingt, ist Anfang des 20. Jahrhunderts in der Polizeiarbeit noch umstritten. Locard richtet 1912 in Lyon das erste forensische Labor der Welt ein. Er bestimmt die zwölf Merkmale des Fingerabdrucks, anhand derer ein Mensch eindeutig identifiziert werden kann. Edmond Locard schafft die Basis für die moderne Kriminalistik.

# 16. Dezember 1773

## Teeparty für die Unabhängigkeit

Etwa 100 Männer – verkleidet als Indianer – stürmen drei Schiffe im Hafen von Boston. Sie öffnen die Laderäume der Segler »Dartmouth«, »Eleanor« und »Beaver«, dann werfen sie über 300 Kisten ins Wasser. Kisten voller Tee. Die sogenannte »Boston Tea Party« ist im Gang. Nordamerika ist damals noch britische Kolonie. Die Einwohner sind an Entscheidungen des Londoner Parlaments gebunden, dürfen selbst aber keine Abgeordneten entsenden. Die Unzufriedenheit darüber gärt, vor allem, weil die weit entfernte britische Regierung in der Kolonie nach Belieben Steuern erhebt, unter anderem auf das Modegetränk Tee. Unter Führung eines gewissen Samuel Adams gehen an jenem Dezembertag Tausende auf die Straße – unter dem Motto: Keine Steuern ohne Mitspracherecht im Parlament. Die Menschenmenge will verhindern, dass der Tee mit dem verhassten Steueraufschlag in Massachusetts verkauft wird. Dieser Konflikt wird zum Tropfen, der ein großes Fass zum Überlaufen bringt. Zwei Jahre später beginnt der Unabhängigkeitskrieg, zehn Jahre später werden die Vereinigten Staaten von Amerika gegründet.

# Erziehung statt Ohrziehung

Deutschlands Lehrlinge erhalten ein sehr stark verspätetes Weihnachtsgeschenk. Im Bundesgesetzblatt wird verkündet: »Körperliche Züchtigung sowie jede die Gesundheit des Lehrlings gefährdende Behandlung sind verboten.« Damit wird Paragraph 127a der Gewerbeordnung geändert. Zuvor hatte der Lehrherr noch ein gesetzlich verbrieftes sogenanntes »väterliches Züchtigungsrecht«, kurz, der Lehrling durfte gerne mal eine saftige Ohrfeige kassieren nach dem Motto »mir hat es ja auch nicht geschadet«. Gewalt in Familie und Erziehung ist noch zu Beginn des 20. Jahrhunderts auch in Deutschland weit verbreitet. Der Patriarch als Vater, Lehrer und Ausbilder darf schlagen, wen er will: Kinder, Schüler, Lehrlinge, Dienstmädchen. Nur die Ehefrau ist hierzulande schon seit dem späten 19. Jahrhundert vor häuslicher Gewalt geschützt. Bis in die 1960er Jahre wird Kindern das Grundrecht auf körperliche Unversehrtheit teilweise verweigert. So ist das Züchtigungsrecht gegenüber den eigenen Kindern das letzte, das gesetzlich abgeschafft wird – endgültig und ausdrücklich erst im Jahr 2000.

# 1. Oktober 1903

# Kalt und heiß —
## ohne Feuer, ohne Eis

In Berlin wird eine Erfindung patentiert, deren Markenname heute zu unserem Wortschatz gehört: Die Thermosflasche. Der Schotte James Dewar hatte die Idee, aus einem doppelwandigen Glasgefäß die Luft fast vollständig abzusaugen. So kann durch den leeren Raum zwischen den beiden Glasschichten kaum noch Wärme aus dem Inneren nach Außen abfließen. Das Vakuumgefäß ist allerdings äußerst empfindlich, und Dewar sieht keine Möglichkeit, damit Geld zu verdienen. Der Berliner Glastechniker Reinhold Burger macht das Prinzip alltagstauglich: Er stabilisiert den Glaskörper innerhalb des Vakuums mit einem Drahtgeflecht. Burger umgibt das Glas zudem mit einer stabilen Hülle und versieht die Flasche mit einem dichten Verschluss sowie einem aufgesteckten Trinkbecher. Fortan gilt: »Hält kalt und heiß – ohne Feuer, ohne Eis«. So wirbt die eigens gegründete Firma »Thermos« zu Beginn des 20. Jahrhunderts. Reinhold Burger revolutioniert aber nicht nur den Transport von heißem Tee und Kaffee – er baut für Wilhelm Conrad Röntgen auch die ersten speziellen Röntgenröhren.

# Die Bilder lernen sprechen

Menschen drängen sich vor einem Kino in New York City. Sie wollen »The Jazz Singer« sehen, die aktuellste Produktion der Warner Brothers und in dieser Länge eine Weltneuheit. Erstmals müssen die Zuschauer den Dialog nicht mehr von Schrifttafeln und aus überzeichneten Gesten ablesen. »The Jazz Singer« ist der erste abendfüllende Tonfilm. Nur Kurzfilme hatten zuvor schon die neue Technik verwendet, die dem Vorführer einiges abverlangt. Der Film nutzt das sogenannte »Vitaphone«-System. Es basiert noch auf Schallplatten, die synchron zum Projektor laufen, beim »Jazz Singer« 15 Stück in 88 Minuten. Die Titelrolle spielt Al Jolson, ein Weißer, der als Afroamerikaner geschminkt ist. Seine ersten Worte sind: »Wait a minute, wait a minute, you ain't seen nothin' yet« – Wartet eine Minute, ihr habt noch rein gar nichts gesehen. Das Premierenpublikum jubelt und applaudiert nach dieser Textzeile wie auch nach jedem einzelnen Song. Der »Jazz Singer« ist ein riesiger Erfolg und endlich der Durchbruch für den Tonfilm, der technisch gesehen zu diesem Zeitpunkt schon einige Jahre existiert.

# 23. Oktober 1958

## Vom Strumpf zum Schlumpf

Ritter Johann und sein Page Pfiffikus fühlen sich beobachtet. Wenig später tritt ihnen am Waldesrand ein kleines Männchen entgegen: Durch und durch blau, auf dem Kopf eine kleine weiße Zipfelmütze. Der erste Schlumpf trippelt durch die Comicwelt, eine Schöpfung des belgischen Zeichners Peyo, bürgerlich Pierre Culliford. Von Beginn an ist es charakteristisch für die Schlümpfe, verschiedene Worte im Dialog einfach allgemein durch eine Form von »Schlumpf« zu ersetzen. Dafür schlumpft es einen Grund: Der Name definiert die Figuren, nicht umgekehrt. Peyo kommt bei einem Abendessen das deutsche Wort »Strumpf« in den Sinn, das im Französischen einen lustigen Klang hat. Daraufhin denkt sich der Zeichner aus, wie so ein Comic-»Strumpf« wohl aussehen würde. Entsprechend heißen die Schlümpfe auf Französisch tatsächlich »Strümpfe«. In den Übersetzungen greift man dann auf lustige Fantasieworte mit ähnlichem Klang zurück. Bei uns treten die blauen Wichtel erst über zehn Jahre später in Erscheinung, als Gäste in einem »Fix und Foxi«-Heft von 1969.

# Die spinnen, die Römer!

In Frankreich erscheint eine neue Jugendzeitschrift namens »Pilote«, frei zu übersetzen mit »Vorreiter«. Vor allem Comics finden die jungen Leser, bevorzugt aus der Feder von heimischen Autoren. Mit dabei René Goscinny und Albert Uderzo. Der Texter und der Zeichner haben die eigenartige Idee, die Comichandlung in jene Zeit zu versetzen, als Frankreich beziehungsweise Gallien von den Römern besetzt war. Ganz Gallien? Nein. Ein kleinwüchsiger Krieger namens Asterix und sein Dorf leisten Widerstand. Und erobern als Comic die Welt. Die Abenteuer werden in 107 Sprachen übersetzt, zusätzlich gibt es viele Ausgaben in Mundart. Die erste Geschichte mit dem schlichten Titel »Asterix der Gallier« ist zunächst einfach eine Fortsetzungsreihe für die Jugendzeitschrift seit der Erstausgabe. Obelix kommt hier nur am Rande vor, aber der Zaubertrank wird schon als zentrales Element etabliert. Das »ix« am Ende der gallischen Comicnamen geht auf den realen Revolutionär Vercingetorix zurück, der im Jahr 52 vor Christus den Aufstand gegen die Römer probt. Welche bekanntlich spinnen.

# 9. September 1976

## Eine Biene namens Maja

Eine kleine Biene mit gelben Haaren erobert die Herzen der Kinder: Maja fliegt von diesem Tag an durch ihre Welt und durch die bundesdeutschen Fernseher. Die Zeichentrickserie basiert auf einem Kinderroman des deutschen Autors Waldemar Bonsels. Das Buch, erschienen 1912, ist vom Start weg ein Bestseller. Nach dem Zweiten Weltkrieg gerät Bonsels in Vergessenheit, auch wegen seiner Nähe zum NS-Regime. Doch die »Biene Maja« ist zum Glück ein unpolitisches und zeitloses Werk. Das ZDF erweitert die Vorlage durch zahlreiche neue Figuren, unter anderem durch einen gewissen »Willi«. Der deutsche Dialogregisseur der Serie persönlich, Eberhard Storeck, leiht der faulen Drohne seine Stimme. Gezeichnet werden die 104 Folgen in Japan. Schon nach der Erstausstrahlung erhält das ZDF zehntausende begeisterte Briefe, deren Absender um Wiederholung bitten. So fürchten sich Kinder bis heute gemeinsam mit Maja und Willi vor der unheimlichen Spinne Thekla – und entdecken zusammen mit den Bienen die Blumenwiesen.

## 12. September 1940

# Die Höhle der weit entfernten Vergangenheit

Im südlichen Frankreich rutschen vier Jungs und ein Hund fünfzehn Meter tief in die Dunkelheit. Die Teenager sind auf Schatzsuche, spüren einem angeblichen Geheimgang nach, der hier in der Dordogne verborgen sein soll. Unten angekommen, beleuchtet ihre Öllampe Zeugen einer unfassbar weit zurückliegenden Vergangenheit. Die niedrige Decke der Höhle ist strahlend weiß, über und über bedeckt mit wunderbaren vielfarbigen, äußerst lebendigen Tiergemälden. Die »Halle der Stiere« liegt vor den jungen Abenteurern, der erste Abschnitt der prähistorischen Höhle von Lascaux. Etwa 17.000 Jahre alt sind die Höhlenmalereien, viele hundert Generationen vor unserer Zeit. Zuerst zeigen die Entdecker ihren Fund für ein paar Cent Eintritt anderen Dorfkindern. Wenig später treffen Wissenschaftler ein und halten den Atem an. Das ist bis heute die beste Methode, um dieses einmalige Zeugnis der Menschheit zu konservieren – seit 1963 ist die Höhle für Besucher geschlossen, um die Felsbilder nicht durch Luftfeuchtigkeit zu zerstören.

## 2. August 1984

# Deutschlands erste e-Mail

Laura Breeden drückt in Cambridge an der US-Ostküste auf ihrem Computer die Enter-Taste. Als Informatiker Michael Rotert am nächsten Morgen seinen Rechner in Karlsruhe startet, findet er eine e-Mail vor. Es ist die erste e-Mail überhaupt, die auf einem deutschen Computer ankommt. »Michael, this is your official welcome to CSNET« lautet die Begrüßung. Anfang der achtziger Jahre sind Rechner in Deutschland noch kaum vernetzt. In den USA hat man das militärische ARPANET den Universitäten geöffnet, um den wissenschaftlichen Austausch zu fördern. Das sogenannte CSNET ist ein separates Netzwerk, aber mit dem ARPANET verbunden. Beide zusammen bilden später die Grundlage des Internets. Das »@«-Zeichen aus den e-Mail-Adressen gibt es schon seit dem späten Mittelalter: Es ist ein kaufmännisches Symbol im englischsprachigen Raum, das mit dem Wort »bei« übersetzt werden kann. Daher findet man es keineswegs erst auf Computertastaturen, sondern bereits auf Schreibmaschinen des 19. Jahrhunderts.

# 23. August 1973

## Ursprung des Stockholm-Syndroms

Ein Stadtplatz inmitten von Stockholm ist mit Polizeifahrzeugen zugestellt. Die Plastiksessel der Straßencafés sind leer. Das Fernsehen berichtet live aus sicherer Entfernung. In der »Kreditbanken« hat sich der Berufsverbrecher Jan Erik Olsson mit vier Geiseln verschanzt. Er fordert drei Millionen schwedische Kronen, Waffen und ein Fluchtfahrzeug. Drei Tage später endet das Drama unblutig, der Geiselnehmer wird verhaftet, seine Opfer sind am Leben. Dann das Unglaubliche: Die Geiseln kritisieren die Polizei scharf und äußern Mitgefühl für den Täter. Seither bezeichnet der Begriff »Stockholm-Syndrom« die Sympathie von Geiseln für ihre Peiniger, ein Phänomen, das immer wieder beobachtet wird. Die Erklärung der Psychologen: Der extreme Kontrollverlust der Geiseln lasse kleinste Wohltaten der Verbrecher übermäßig positiv erscheinen, eine unterbewusste Überlebenshilfe. Die Geiseln von Stockholm betonen jedoch, sie hätten sich einfach mehr vor einer überhasteten Reaktion der Polizei gefürchtet als vor dem Bankräuber.

# 26. Februar 1852

## Cornflakes auf Rezept

In Michigan, dem US-Bundesstaat an den Großen Seen, wird John Harvey Kellogg geboren. Er ist Sohn einer Farmerfamilie, die der Freikirche der Adventisten angehört. Dieser Glaube, der auch bestimmte Ernährungsgewohnheiten empfiehlt, bestimmt den Lebensweg von John Harvey. Kellogg studiert Medizin und ist überzeugt, alle Leiden hätten zwei wesentliche Ursachen: Falsche Ernährung und zu viel Sex. Kellogg übernimmt ein kleines Sanatorium seiner Kirchengemeinde und baut es allmählich zu einem gigantischen Betrieb mit 700 Betten aus – Wellness des 19. Jahrhunderts. Viele Prominente gehören zu den Kurgästen, die sich Kelloggs strenger Diät unterwerfen: Kein Fleisch, hauptsächlich Getreide, Hülsenfrüchte, Nüsse und Obst. Dazu jeden Morgen ein Einlauf, reichlich Wasser und vor allem: Enthaltsamkeit sowie langsames Kauen. Um Letzteres zu unterstützen, entwickelt Kellogg geröstete Getreideflocken, zunächst aus Weizen, dann auch aus Mais: Die Cornflakes. Sie werden zum Verkaufsschlager – und sind heute zum Frühstück deutlich beliebter als Kelloggs Einlauf.

# 10. Juli 1856

## Der Mann, der den Strom in die Steckdose bringt

Ein winziges Dorf im Westen Kroatiens erlebt die Geburt eines Genies. Nikola und seine vier Geschwister sind Kinder des serbisch-orthodoxen Priesters Milutin Tesla. So deutet zunächst nichts darauf hin, dass Nikola den Wechselstrom in unsere Steckdosen bringen wird. Nikola Tesla studiert Elektrotechnik in Graz und emigriert mit 28 Jahren in die USA. Im Auftrag des Industriellen George Westinghouse entwickelt Tesla praktisch im Alleingang die komplette Wechselstromtechnik. Dies führt zum sogenannten Stromkrieg mit Thomas Edison, der seine Gleichstromgeräte vermarkten will. Aber Teslas Technik setzt sich durch. Tesla ist auch Pionier des Funkverkehrs. Schon 1898 entwickelt er alles, was nötig ist, um Maschinen drahtlos ganze Befehlssätze zu übermitteln, lässt Glühbirnen ohne Kabel leuchten. Er ist seinen Zeitgenossen um Jahrzehnte voraus. Viele seiner Erfindungen werden damals nicht verstanden und später unnötigerweise erneut entwickelt. Wir leben heute in einer Welt, die Nikola Tesla vorbereitet hat – und die in seiner Vorstellung schon längst existierte.

# 14. Juli 1881

## Deutschlands erstes Telefonbuch

»Im gegenseitigen Interesse sämtlicher Beteiligten ist es dringend erwünscht, die Zeit der Benutzung jeder einzelnen der verlangten Verbindungen möglichst abzukürzen.« So steht es umständlich auf dem ersten Telefonbuch Deutschlands. Der Satz »Fasse dich kurz« ist der Berliner Postdirektion offensichtlich nicht in den Sinn gekommen. Aber an jenem Donnerstag gibt es in der Millionenstadt auch erst 185 Telefonanschlüsse, und jedes Gespräch muss handvermittelt werden. Die Einträge reichen von A wie Abgeordnetenhaus bis Z wie Ziesch, Tapisserie-Manufaktur. Nur 18 kleinformatige Seiten. Acht Jahre später gibt es bereits 50 Mal so viele Fernsprecher in der Stadt. Dem ersten Telefonbuch liegt auch eine Anleitung für die neue Technik bei. Einige Tipps sind heute noch hilfreich, zum Beispiel: »Zu einer guten Verständigung ist kein sehr lautes, wohl aber ein deutliches und nicht zu langsames Sprechen erforderlich.« Leider nicht mehr gültig ist der Hinweis, die Vermittlungsstelle werde sich mit den Worten melden: »Hier Amt – was beliebt?«

# 19. Juli 64

# Rom in Flammen

Flammen lodern aus dem hölzernen Circus Maximus in Rom. Viele Bauten in Rom stehen dicht an dicht, so frisst sich der Brand immer weiter durch die Metropole des Römischen Reiches. Die Stadt hat damals unvorstellbare 1,2 Millionen Einwohner. Ein Drittel der Häuser vernichtet dieser Brand, der mindestens eine Woche andauert. *Ein* Römer aber soll das Inferno genossen haben, soll auf der Harfe Lieder über den Untergang der Stadt angestimmt haben, während seine Untertanen um ihr Leben kämpfen: Nero. Bald kommen Gerüchte auf, der Kaiser selbst habe das Feuer legen lassen, um die Stadt nach seinen Vorstellungen umzubauen. Man ist sich heute nicht mehr sicher, dass dieser Vorwurf stimmt. Tatsache ist, dass Nero nach dem Brand einen absurd riesigen Palast für sich errichten lässt, genannt Domus Aurea, das Goldene Haus. Für das Feuer aber müssen die Christen in der Stadt als Sündenböcke herhalten und werden zu Hauf ermordet. Vor allem deshalb erinnert man sich an Nero als blutrünstigen Diktator.

## 21. Juli 1983

# Ein eiskaltes Geheimnis

Auf der Südhalbkugel der Erde herrscht tiefster Winter. Eine Untertreibung für den Ort, an dem nur drei Baracken aus einer grenzenlosen weißen Fläche ragen. Die russische Wostok-Station in der Antarktis ist der Kältepol der Erde. Das beweist an jenem Donnerstag ein Blick aufs Thermometer: Minus 89,2 Grad Celsius, die tiefste jemals gemessene Lufttemperatur unseres Planeten. Beunruhigend, wenn man bedenkt, dass der nächste menschliche Außenposten 1.200 Kilometer entfernt ist. Etwa zehn Wissenschaftler harren im antarktischen Winter an diesem Ort aus, der in seinem Eis das Klimagedächtnis der Erde birgt. Der Weg dorthin ist gefährlich: Oft senkt eine Mischung aus verwirbeltem Schnee und Nebel die Sichtweite unter einen Meter ab. Versorgungsgüter werden daher nicht nur per Flugzeug, sondern auch auf dem Landweg transportiert, mit alten umgebauten Panzern wochenlang durch endloses Weiß. Die Station liegt außerdem über einem Millionen Jahre alten Geheimnis: Mehr als drei Kilometer unter dem Eis des Kältepols befindet sich ein riesiger Süßwassersee, bis vor Kurzem völlig unangetastet von Menschenhand.

# Schreiben mit der Kugel

In der argentinischen Metropole Buenos Aires erntet ein jüdischer Emigrant die Früchte seiner Arbeit. Der gebürtige Ungar Laszlo Biro patentiert ein Schreibgerät, das nicht ausläuft und nicht schmiert: Den Kugelschreiber. Noch als Journalist in Budapest hat Biro die Idee für seine Erfindung. Doch seine Heimat Ungarn ist Verbündeter von Nazi-Deutschland, so flieht Biro nach Argentinien. Sein Bruder begleitet ihn, ein Chemiker, der die zähflüssige Tinte für den Kugelschreiber entwickelt. Biros Kugelschreiber ist damals noch sehr teuer, erfreut sich aber unter anderem bei Piloten großer Beliebtheit. Der amerikanische Geschäftsmann Milton Reynolds ignoriert Biros Patent und wirft eine billige Kopie auf den US-Markt. Reynolds Schreibgeräte haben jedoch eine Tendenz zum Auslaufen. Die Kunden sind unzufrieden, der Kugelschreiber droht als Fehlkonstruktion in der Versenkung zu verschwinden. Erst als andere Hersteller verbesserte Modelle zu niedrigen Preisen verkaufen, gelingt der Durchbruch. Laszlo Biros Geburtstag, der 29. September, wird in Argentinien als »Tag der Erfinder« gefeiert.

# 15. Juni 1752

# Das Drachenexperiment

Über der amerikanischen Stadt Philadelphia steigt ein Spielzeugdrachen auf. Gefährlich, denn am Himmel brauen sich Gewitterwolken zusammen. Zu jener Zeit ist nicht klar, was ein Gewitter überhaupt ist, und genau das will Benjamin Franklin herausfinden. Er vermutet, dass Blitze Elektrizität sind und durch Aufladung in den Wolken entstehen. Der Legende nach zeigt das Drachenexperiment genau das: Noch vor dem Ausbruch des Gewitters fließt Ladung die Drachenschnur hinab und elektrisiert einen metallenen Schlüssel – Franklin berührt ihn und bekommt eine gewischt. Ob der amerikanische Gründervater das Experiment wirklich so ausgeführt hat, ist umstritten. Jedenfalls hat Franklin den Versuch vorgeschlagen und schließlich den Blitzableiter konzipiert. Franklin, später einer der Unterzeichner der amerikanischen Unabhängigkeitserklärung, gilt als Pionier der Physik. Er verkörpert auch den sozialen Aufstieg: Benjamin Franklin wurde vom armen Druckerlehrling zu einem der bedeutendsten Denker seiner Zeit.

## 20. Juni 1963

# Heißer Draht im Kalten Krieg

Wir befinden uns mitten im Kalten Krieg. In Genf unterzeichnen Vertreter der USA und der Sowjetunion eine Vereinbarung. Sie ist ebenso seltsam wie dringend notwendig: Die eigentlich verfeindeten Staaten einigen sich auf eine Direktleitung zwischen Moskau und Washington, die nicht manipuliert werden kann. Dieser »heiße Draht« soll eine schnelle Notfallverbindung zwischen den Atommächten sicherstellen. In der Kubakrise kurz zuvor hatte die sehr schleppende Kommunikation fast den Dritten Weltkrieg ausgelöst. Der heiße Draht ist in den ersten zehn Jahren aber keine Telefonleitung, sondern eine Verbindung per Fernschreiber. Die Nachrichten werden mit dem sichersten Verfahren überhaupt verschlüsselt: Es gibt für jeden versendeten Buchstaben einen Code, der nur für diesen ein einziges Mal angewendet wird. Im israelischen Sechstagekrieg beweist der heiße Draht zum ersten Mal seinen Nutzen. Moskau und Washington informieren sich gegenseitig über ihre diplomatischen und militärischen Schritte in der Krise.

# 20. Mai 1875

## Maßvoller Fortschritt ist besser

Siebzehn Staaten unterzeichnen einen Vertrag, der einiges erleichtert: Seit jenem Donnerstag gilt die Meterkonvention, die Maße und Gewichte vereinheitlicht. Der Meter und das Kilogramm sind ab sofort das Maß aller Dinge, festgelegt durch einen Metallstab, der den Meter definiert, sowie einen Metallzylinder für das Kilogramm. Vor der Meterkonvention herrscht völliges Durcheinander. Jedes Land hat seine eigenen Maße und Gewichte, oft sogar mehrere Varianten. Eine Seemeile etwa entspricht 1,8, eine Landmeile aber 1,6 Kilometern. Wie fatal so ein Durcheinander sein kann, zeigt sich noch 1999: Eine Marssonde stürzt ab, weil die Hälfte der Techniker mit einer traditionellen amerikanischen Maßeinheit gerechnet hatte und nicht mit dem metrischen System. Inzwischen sind die meisten Einheiten auf der Basis von Naturkonstanten definiert, etwa mit Hilfe der unveränderlichen Lichtgeschwindigkeit. Nur das Kilogramm wird auch heute noch mit dem Metallzylinder abgeglichen. Er wird in einem Tresor in Paris verwahrt.

## 11. April 1968

# Mordanschlag auf den Studentenführer

Oberarzt Dr. Arno Schulze öffnet im Universitätsklinikum Berlin den Schädel von Rudi Dutschke. Zwei Kugeln aus der Pistole des rechtsradikalen Josef Bachmann sind in den Kopf des Opfers eingedrungen, eine dritte in die Schulter. Die Notoperation rettet Dutschke knapp das Leben. Der Attentäter macht sich in der Vernehmung darüber lustig: Das Geld habe eben nicht für eine Maschinenpistole gereicht. Zwei Jahre später nimmt er sich im Gefängnis das Leben. Das Attentat auf den Wortführer der Studentenbewegung löst Unruhen aus. Demonstranten greifen das Gebäude des Springer-Verlags in Berlin an. Dessen Zeitungen hatten massiv gegen die linken Studenten Stimmung gemacht. Dutschke lehrt nach seiner Genesung als Soziologe in Dänemark. Zeit seines Lebens vertritt er unterschiedliche sozialistische Positionen auf einer christlichen Basis, distanziert sich aber auch nie ganz von Gewalt. An Heiligabend 1979 lösen die Folgen seiner Schussverletzung einen epileptischen Anfall aus, Dutschke ertrinkt in der Badewanne.

# 21. April 1519

## Die blutrünstigen weißen Götter

Gold und Edelsteine werden in die Hände der seltsam hellhäutigen Menschen gelegt, die mit elf Schiffen über den Ozean gekommen sind. Die Legende sagte, dass sie dereinst zurückkehren würden, die bärtigen weißen Götter. Bei der Ankunft der Spanier in Mittelamerika ahnt das Volk der Azteken noch nichts von seinem Untergang. Die folgenden Jahre tränken das heutige Mexiko in Blut: Weder die Azteken noch die spanischen Eroberer unter Hernán Cortés messen einem Menschenleben viel Bedeutung bei. Die Azteken selbst hatten Nachbarstämme mit unvorstellbarer Gewalt unterworfen. In der Hauptstadt Tenochtitlán werden regelmäßig Menschen in grausamen Ritualen geopfert. Die goldgierigen Christen sind nicht minder gewalttätig. Beide Seiten schlachten sich zwei Jahre lang gegenseitig ab, die Spanier behalten unter schweren Verlusten die Oberhand. Das Volk der Azteken und seine Kultur gehen unter. Die einstige Hauptstadt ist heute unter der Millionenmetropole Mexiko-Stadt begraben.

# King Kong schnappt sich die Frau

Mit etwas abgehackten Bewegungen greift ein riesiger Affe nach einer blonden Dame. Sie schreit um ihr Leben, der Affe brüllt mit der Stimme eines Löwen. King Kong schnappt sich die weiße Frau, 6.000 Premierenzuschauer in der New Yorker Radio City Music Hall schnappen nach Luft. Nie zuvor wurde ein Monster so realistisch zum Leben erweckt wie im Kinoklassiker von 1933. Der Film ist heute offiziell Teil des kulturellen Erbes der Vereinigten Staaten – und an der Kinokasse vom Start weg ein riesiger Erfolg. Regisseur Merian C. Cooper hat die Geschichte gemeinsam mit Edgar Wallace entwickelt, und Tricktechniker Willis O' Brien wäre mit seinem Modell-Gorilla ein Kandidat für den »Oscar« gewesen. Allerdings werden Spezialeffekte damals noch nicht mit der Trophäe gewürdigt. Hauptdarstellerin Fay Wray bleibt als erste sogenannte »scream queen« im Gedächtnis – als Schauspielerin, deren wichtigste Textpassagen aus panischen Schreien bestehen.

# 18. Februar 1745

# Der Mann, der den Strom bändigt

Wir sind in Como, der Stadt am See im Norden Italiens. Mit der Geburt des kleinen Alessandro werden wir Zeugen der Entstehung unserer modernen Welt. Alessandro wächst in einem Haushalt ohne Geldsorgen auf. Entsprechend soll er Jurist werden, hat aber mehr Freude an Phänomenen der Elektrizität und bringt sich alles Nötige selbst bei. In seiner Zeit kennt man Elektrizität nur in Form von kurzlebigen Blitzen und Funken. Alessandro Volta, mittlerweile Professor für Experimentalphysik, baut nach jahrzehntelanger Forschung folgende Anordnung: Ein salzwassergetränktes Leder legt er auf eine Kupferplatte und darüber eine Zinkplatte. Dieses dreiteilige Element schichtet Volta mehrmals übereinander, bis durch die chemischen Reaktionen eine genügend hohe Spannung entsteht. Die Batterie ist erfunden, die erste kontinuierliche Spannungsquelle, die längere Experimente mit Elektrizität erlaubt. Voltas Geburt 1745 ermöglicht so die Erforschung der chemischen Elemente und unsere moderne Physik.

## 2. Januar 1958

# Das Register der armen Sünder

In einem alten Hafengebäude hoch im Norden der Bundesrepublik wird eine peinliche Sammlung angelegt. Das Haus, zuvor ein Druckereibetrieb, beherbergt das sogenannte Verkehrszentralregister – besser bekannt als Flensburger Verkehrssünderkartei. In den fünfziger Jahren steigen mit zunehmender Motorisierung der Bundesbürger die Unfallzahlen rapide. So beschließt der damalige Verkehrsminister Hans-Christoph Seebohm, CDU, hartnäckige Verkehrssünder zu registrieren. Es sind buchstäblich schwere Sünden, die auch im heutigen Gebäude des Kraftfahrtbundesamtes noch einen halben Kilometer Regalwand ächzen lassen: 50 Tonnen Papier liegen darin. Über 10 Millionen Blätter, die erst nach und nach in den Computer wandern. Übrigens: Nur etwa ein Fünftel der registrierten Verkehrssünder waren und sind Frauen.

# 26. Januar 1905

## Der Riesendiamant

Der leitende Angestellte Frederick Wells ist auf einem Kontrollgang sechs Meter unter der Erde. Ein dickes Stück Kristall steht aus der Wand hervor, und Wells kratzt es mit seinem Taschenmesser heraus. Der Kristall ist faustgroß. Da Frederick Wells in einer Diamantenmine 30 Kilometer östlich von Südafrikas Hauptstadt Pretoria arbeitet, hält er den Klotz für einen Scherz. Er glaubt, die Kumpel hätten ihm einen Streich gespielt. Doch er irrt sich. Die Analyse beweist: Es ist ein Diamant – der größte, der je gefunden wurde. 3.106 Karat, das entspricht mehr als einem Pfund Gewicht. Er erhält nach dem Besitzer der Mine den Namen »Cullinan«. Der Riesendiamant wird in 105 Teile gespalten. Die besten geschliffenen Steine schenkt der Staat Südafrika dem britischen König Edward. Seither gehören die vier größten Bruchstücke des Diamanten zu den Kronjuwelen. Auch Queen Elizabeth trug bei ihrer Krönung die Insignien mit den Teilstücken Cullinan I und II.

# Eine Ampel begeistert ganz London

Der Londoner Kutschenverkehr kommt an der Kreuzung George- und Bridge-Street zum Stillstand, nicht weit vom Parlament. Grund ist ein sieben Meter hoher, kunstvoll gegossener Pfeiler, aus dem zwei Signalarme quer auf die Straße ragen. Laut Anordnung bedeutet dies »Stop« für den rollenden Verkehr, damit Fußgänger, allen voran die Parlamentsabgeordneten, sicher über die belebte Straße kommen. Es ist die erste dokumentierte Verkehrsampel. Ihr Erfinder John Peake Knight leitet den Gedanken von der Eisenbahn ab, lange vor der Erfindung des Autos. Nachts zeigt eine grüne Gaslampe freie Fahrt, eine rote stoppt den Verkehr. Die Ampel ist handbetrieben, Polizisten schalten sie je nach Verkehrslage. Ein Publikumsmagnet: So viele Schaulustige wollen die Neuheit bestaunen, dass fliegende Händler Imbisswagen an der Kreuzung aufstellen. Doch ein Leck in der Gasleitung kostet einen Polizisten das Leben, als er die Nachtlampen zünden will. So setzt sich die Verkehrsampel nach 1868 noch viele Jahre nicht flächendeckend durch.

# 14. November 1889

# In 72 Tagen um die Welt

Nelly Bly verabschiedet sich in New York hastig von ihren Freunden und geht um 9:40 Uhr an Bord des deutschen Schnelldampfers Augusta Victoria. Die exakte Uhrzeit ist wichtig, denn die Reporterin will einen Roman in die Tat umsetzen: »Reise um die Erde in 80 Tagen« von Jules Verne. Der Bestseller ist 16 Jahre zuvor veröffentlicht worden. Nelly Bly, 25 und die erste investigative Reporterin, arbeitet für die renommierte Zeitung »New York World« des Verlegers Joseph Pulitzer. Ihre atemlose Reise um den Globus führt über London zunächst nach Paris, wo sie Jules Verne persönlich trifft. Der Umweg zwingt Nelly Bly, zwei Nächte durchzureisen. Ähnlich anstrengend verläuft der Rest des 40.000 Kilometer langen Trips, hauptsächlich per Zug und Dampfschiff. Ihre Durchschnittsgeschwindigkeit berechnet die rasende Reporterin mit 46 Stundenkilometern. Zwischenberichte finden per Telegramm ihren Weg in die Zeitung. Nach genau 72 Tagen, elf Stunden, sechs Minuten und 14 Sekunden erreicht Nelly Bly 1890 wieder New York.

# 26. November 1942

## Spiel's erstmals, Sam!

In New York lädt das Filmstudio Warner Brothers zur Premiere eines recht bescheidenen Films. Er ist unter Kriegsbedingungen entstanden: Das Zelluloid wird rationiert, weil es für die Sprengstoffproduktion gebraucht wird. Nur einen einzigen Kulissenbau leistet man sich, die Kosten sind per Notgesetz gedeckelt. Die Kulisse ist »Rick's Café«, und trotz der kargen Mittel wird der Film »Casablanca« zum unvergesslichen Klassiker. Die Kriegsromanze zwischen Ingrid Bergman und Humphrey Bogart gewinnt drei Oscars. Viele Mitwirkende haben die Handlung des Films selbst erlebt – auch sie sind vor Hitlerdeutschland geflohen und mussten alles zurücklassen. So treibt eine Szene, in der Flüchtlinge Nazi-Soldatenlieder mit der Marseillaise übertönen, etlichen Darstellern am Set ganz real die Tränen in die Augen. Bei der Nachkriegspremiere in Deutschland fehlt diese Sequenz, der Film von Michael Curtiz wird in einen reinen Liebesfilm umgearbeitet. Erst Mitte der 70er Jahre wird in Deutschland die komplette Fassung von 1942 gezeigt.

# 20. Oktober 1983

# Was genau ist ein Meter?

Im Pariser Vorort Sèvres, nahe Versailles, definieren Metrologen den Meter neu. »Metrologe« ist abgeleitet vom griechischen Wort »metró«. Es bedeutet »messen«. Bei der Metrologie geht es also nicht ums Wetter, sondern um Maße und Gewichte. Eine Wissenschaft, von der vieles andere abhängt: Der Welthandel, Konstruktionspläne, Messungen in anderen Wissenschaften. 1983 erhält der Meter, eine unserer Basiseinheiten, eine neue Grundlage. Ein Meter ist nun per Definition der Weg, den das Licht im Vakuum in knapp einer 300 Millionstel Sekunde zurücklegt. Noch 25 Jahre zuvor wurden Längenmessungen einfach mit dem Urmeter verglichen, einem Metallstab aus Platin und Iridium. Ein solches Urmaß hat Nachteile: Es kann sich im Lauf der Zeit minimal, aber entscheidend verändern. Daher wird heute versucht, alle Maße mit Naturkonstanten festzulegen. Das sind Zahlenwerte, die zu keiner Zeit an keinem Ort veränderlich sind. Eine solche Konstante ist nach allem, was wir wissen, auch die Geschwindigkeit des Lichts.

# Warum wir das Jahr 1966 schreiben

Die UN-Kulturbehörde UNESCO erklärt den 8. September zum Weltalphabetisierungstag. Hintergrund ist die immer noch riesige Zahl von Menschen, die weder lesen noch schreiben können, heute weltweit fast eine Milliarde. Schrift ist die Voraussetzung für eine sichere Weitergabe von Informationen. Als ältestes Beispiel gilt die Keilschrift der Sumerer – kleine Einkerbungen in Tontafeln. Alle Schriften dienen ursprünglich nur als Hilfsmittel der Bürokratie. Die ältesten Dokumente sind gewissermaßen Kassenzettel: Aufstellungen über Lagerbestände, Warenaustausch und Handelsbeziehungen. Die ersten Symbole zeigen daher meist konkrete Gegenstände und Zahlen. Sehr langsam entwickelt sich in den Städten des vierten Jahrtausends vor Christus eine Schrift, die jeden beliebigen Zusammenhang ausdrücken kann. Noch später dient die Schrift dann auch der Poesie. Unser lateinisches Alphabet stammt vom griechischen ab, ebenso die Bezeichnung: Alpha und Beta sind einfach die ersten beiden Buchstaben der griechischen Schrift.

# 10. September 1964

## Der millionste Gastarbeiter

Im Bahnhof Köln-Deutz surren Filmkameras, Fotoapparate klicken, eine Kapelle spielt die portugiesische Nationalhymne. Ein Zug mit Gastarbeitern aus dem Süden ist eingetroffen, doch die Journalisten umringen nur einen von ihnen: Armando Rodrigues de Sá aus einem Dorf nördlich von Lissabon. Der deutsche Arbeitgeberverband hat seinen Namen aus einer Liste herausgepickt, um ihn medienwirksam als angeblich millionsten Gastarbeiter zu begrüßen. Der gelernte Zimmermann weiß nicht, wie ihm geschieht, als er vor die Kameras gezerrt wird und als Begrüßungsgeschenk ein Moped der Marke Zündapp erhält. De Sá kommt in einer Zementfabrik in Blaubeuren unter, wohnt in einer armseligen Holzbaracke in einem Achtbettzimmer. Er findet dennoch gute Worte für Deutschland und pflegt das Moped mit Hingabe. Nur das deutsche Essen macht ihm zu schaffen, ebenso die Trennung von der Familie. Eine schwere Erkrankung zehrt das heimgeschickte Geld später komplett auf. Armando de Sá stirbt mit 53 Jahren in seiner Heimat.

## 22. August 1867

# Müsli, Rohkost, Bettruhe

Zwischen Basel und Zürich in der kleinen Schweizer Stadt Aarau wird Maximilian geboren. Der Sohn eines Notars studiert Medizin und wendet sich der Naturheilkunde zu. Die Folgen der Industrialisierung bereiten zur Jahrhundertwende vielen Menschen Sorge. Unterernährte Arbeiter und Wohlstandskranke leiden auch nach Ansicht Max Birchers an derselben Ursache: An einem von der Natur entfremdeten Leben. Der Arzt gründet deshalb in Zürich ein Sanatorium namens »Lebendige Kraft«. Rohkost gibt es dort, frühzeitige Bettruhe, kein Fleisch. Schriftsteller Thomas Mann weilt neben anderen Prominenten zur Kur und nennt die Klinik »hygienisches Zuchthaus«. Seine Kollegen verspotten den Doktor, der sich bei Almbauern eine Rohkost-Speise aus wenig Getreide, etwas Milch, Äpfeln und Nüssen abschaut: Das Müsli. Das ursprüngliche Rezept wird als »Bircher Müsli« berühmt. Heute ist klar: Max Bircher hatte intuitiv in vieler Hinsicht recht, nur roh muss abwechslungsreiches Essen nicht immer sein.

# 15. Juli 1869

## Keine Butter für die Armen

Magermilch, Wasser, Rindertalg und gehackter Kuheuter – so lauten die Zutaten für das Patentrezept eines französischen Chemikers. Hippolyte Mège-Mouriès hat einen künstlichen Butterersatz erfunden, den er »Margarine« nennt. Der Begriff stammt von einer Fettsäure des Rindertalgs namens Margarinsäure. Die erste Margarine entwickelt Mège-Mouriès, weil in Frankreich die Butter knapp wird. Soldaten und die arme Stadtbevölkerung sollen mit einem billigen Ersatz abgespeist werden, Kaiser Napoleon III. setzt einen Preis dafür aus. Der Chemiker Mège-Mouriès macht das Rennen. Er verkauft das Patent später an eine niederländische Vorläuferfirma des Nahrungsmittelkonzerns Unilever. Heute enthalten die meisten Margarinesorten weder Rindertalg noch Kuheuter, sondern hauptsächlich gehärtete Pflanzenfette. Das ist seit 1902 möglich, als ein Prozess zum Härten von Pflanzenölen mit Hilfe von Wasserstoff entdeckt wird. Gesünder als Butter ist auch heutige Margarine nicht unbedingt – je nach Fettgehalt ist die Zahl der Kalorien etwa gleich. Gehärtete Pflanzenfette sind zudem ernährungswissenschaftlich umstritten.

# Der Erfurter Latrinensturz

Der deutsche König Heinrich VI. ist mit seinem Hofstaat auf dem Weg nach Polen. In Erfurt bittet man ihn, einen regionalen Streit zwischen Fürsten zu schlichten. Der junge König, die Streithähne und Gefolge versammeln sich in einem Saal, wohl im Verwaltungsgebäude des Doms oder in der Festung auf dem Petersberg. Wo auch immer – rund 100 Menschen erwarten mit Spannung das Machtwort des Königs. Doch dazu kommt es nicht. Mitten in den Beratungen bricht der Boden des Versammlungsraums unter der Last der Menschen. Fast alle Edelleute stürzen einen Stock tiefer, und auch dort hält der Boden nicht stand, so bricht die Gruppe noch einmal durch und fällt in die morastige Sickergrube des Gebäudes, die Latrine. Der stinkende Unrat ist so tief, dass um die 60 Menschen darin versinken und ersticken. Nur wenige können sich aus der Grube retten. König Heinrich jedoch sitzt glücklicherweise in einer Mauernische. Er und andere, die vom Latrinensturz des Jahres 1184 verschont bleiben, werden mit Leitern aus luftiger Höhe gerettet. Ein Urteil gab es danach wohl nicht – der König reist sofort ab.

## 16. Juni 1892

# Büffeln bei Bullenhitze?

Das preußische Schulministerium verschickt einen Erlass, in dem es heißt: »Wenn das hundertteilige Thermometer um 10 Uhr vormittags im Schatten 25 Grad zeigt, darf der Schulunterricht in keinem Falle über vier aufeinander folgende Stunden ausgedehnt werden.« Die Schüler kommen fortan in den Genuss von Hitzefrei. Zur damaligen Zeit eine wohlmeinende und weise Regelung: In den Volksschulen werden pro Klasse weit mehr als doppelt so viele Schüler wie heute in enge Holzbänke gepfercht. Wenige Jahre zuvor unterrichtet der notorisch schlecht ausgebildete und schlecht bezahlte Lehrer sogar etwa 100 Kinder gleichzeitig. Inzwischen gehört Hitzefrei weitgehend der Vergangenheit an. Zwar darf jeder Schulleiter für sich entscheiden, ob und wann er den Unterricht ausfallen lässt, doch in der Praxis passiert das kaum noch. Gerade bei jüngeren Schülern soll die notwendige Betreuung sichergestellt sein, viele Kinder würden zu Hause niemanden antreffen. Auch die Stofffülle lässt Unterrichtsausfall kaum noch zu. Klimaanlagen oder Unterricht im Freien sollen das sommerliche Büffeln erträglich machen.

## 1. Mai 1851

# Die ganze Welt im Glaspalast

Queen Victoria spricht ihr Grußwort unter einem riesigen Baldachin, dann singt ein Chor das »Halleluja« von Händel. Die erste Weltausstellung der Geschichte ist eröffnet, eine Schau nie gekannter Größe. Im Londoner Hyde Park hat der Gartenarchitekt Joseph Paxton einen atemberaubenden Ausstellungspavillon errichtet: »Kristallpalast« wird er getauft, ein Gewächshaus von über 500 Metern Länge, 130 Metern Breite und fast 40 Metern Höhe. Fontänen schmücken den Eingang zu einer Mischung aus Industriemesse und Museum auf knapp 90.000 Quadratmetern. Pracht, Vielfalt und Inspiration erwarten den Besucher im Inneren des »Crystal Palace«. Der technische Fortschritt wird übergroß gefeiert. Einen Palast aus Glas hat selbst das Vereinigte Königreich noch nie gesehen, denn erst kurz zuvor wird die Fenstersteuer abgeschafft. Wegen ihr hatten die meisten Gebäude ausdrücklich so wenige Fenster wie möglich. Das Gebäude der Weltausstellung von 1851 verschlingt dann auch ein Drittel der jährlichen britischen Glasproduktion. 1936 fällt dieser erste Messebau im heutigen Sinn einem Feuer zum Opfer.

# 15. Mai 1930

# Hübsche Krankenschwestern beruhigen Fluggäste

In Oakland, Kalifornien, hebt ein großer dreimotoriger Doppeldecker Richtung Chicago ab. An Bord sind elf Passagiere, zwei Piloten – und Ellen Church, die erste Stewardess der Welt. Sie hat sich ursprünglich als Pilotin beworben. Als dies abgelehnt wird, überzeugt die ausgebildete Krankenschwester die Manager, dass Kunden sich sicherer und wohler fühlen, wenn eine Frau wenigstens die Kabine betreut. Church und sieben Kolleginnen sollen den Beweis antreten. Alle sind hübsche Krankenschwestern, unverheiratet und kleiner als 1 Meter 70. Sie reichen keineswegs nur Getränke und Häppchen – die Flugbegleiterinnen der ersten Stunde müssen auch das Gepäck verladen, gelockerte Sitze festschrauben, das Flugzeug betanken und helfen, es in den Hangar zu schieben. Die Piloten sowie männliche Flugbegleiter, die es seit der Zeppelin-Ära gibt, sind nicht begeistert. Anders die Passagiere – Ellen Church und ihre Kolleginnen werden von den Kunden sehr geschätzt. Andere Fluggesellschaften ziehen nach, und noch in den 1930er Jahren wird der Beruf Stewardess der Traum vieler junger Frauen.

# Oscar vergoldet die Traumfabrik

Knapp 250 Gäste finden sich im damals besten Hotel Hollywoods zu einem festlichen Bankett ein. Die frischgebackene »Akademie für Filmkunst und Filmwissenschaft« vergibt ihre ersten Preise. Die Statuen, überreicht von den Starregisseuren Douglas Fairbanks und Cecil DeMille, tragen noch nicht den Namen »Oscar«, und die Preisträger wissen bereits vorher, dass sie geehrt werden. Insgesamt eine festliche, aber recht stille Zeremonie – doch schon ein Jahr später erreicht die Trophäe das, was sie soll: Mehr Aufmerksamkeit für das Filmgeschäft in Hollywood. Woher der Name »Oscar« stammt, weiß niemand mehr – die Statue soll die Archivarin der Akademie an einen gleichnamigen Onkel erinnert haben, aber das ist nur ein typisches Gerücht der Traumfabrik. Der »Oscar« wird aus einer Hartzinn-Legierung gegossen und mit Gold überzogen. Eine Präsentfabrik in Chicago stellt die über vier Kilo schwere Figur her. Die Firma liefert auch den Fernsehpreis »Emmy« und den »MTV Music Award«. Als allererster »Bester Film« wird 1929 »Wings« ausgezeichnet, ein stummes Actiondrama über Flieger im Ersten Weltkrieg.

## 28. Mai 1987

# Spontaner Ausflug zum Kreml

Am frühen Abend blicken Passanten auf dem Roten Platz in Moskau irritiert in den Himmel. Ein Sportflugzeug nähert sich im Tiefflug, dreht drei Runden über dem Kreml, landet und rollt schließlich auf einem Busparkplatz aus. Die Maschine vom Typ Cessna hat die Kennung »D«: Ein deutsches Flugzeug. Ein junger Mann mit Pilotenbrille steigt aus und kommt mit den überraschten Schaulustigen ins Gespräch. Mathias Rust heißt der 19-jährige Hamburger, der erst zwei Stunden nach seiner Landung verhaftet wird. Er ist völlig unbehelligt über Helsinki nach Moskau geflogen und will mit Kremlchef Gorbatschow über den Weltfrieden sprechen. Rust sitzt 14 Monate einer vierjährigen Gefängnisstrafe in Russland ab. Unbequem wird es auch für die Luftabwehr der UdSSR – der Verteidigungsminister und etliche Offiziere müssen ihren Hut nehmen. Kaum wieder zu Hause, greift der labile Kremlflieger im Zivildienst eine Krankenschwester mit dem Messer an, wird erneut verurteilt. Heute lebe er vom professionellen Pokerspiel, sagt Rust in Interviews. Das Flugzeug von 1987 ist im Berliner Technikmuseum ausgestellt.

# 23. April 1564

# Geburtstag eines mysteriösen Genies

Dieser Tag wird als Geburtstag von William Shakespeare angesehen. An diesem Tag soll er in der Kleinstadt Straford-upon-Avon zur Welt gekommen sein, im Herzen Englands. Der Dichter, dessen Stücke 450 Jahre später noch immer das Publikum faszinieren, ist ein Rätsel. Seine Taufurkunde ist überliefert, sie vermerkt den 26. April 1564. Auch ein Testament gibt es, das aber merkwürdigerweise nicht regelt, was mit Shakespeares Texten geschehen soll. Das Leben des Theatergenies liegt ansonsten weitgehend im Dunkeln. Das nährt Spekulationen, Shakespeare sei nur ein Pseudonym gewesen, verberge einen anderen Autor oder eine ganze Gruppe von Schriftstellern. Die meisten Wissenschaftler schließen sich diesen Thesen nicht an. Eine stilistische Auswertung des Gesamtwerks von Shakespeare zeigt, dass charakteristische sprachliche Merkmale in allen Texten auftauchen. So stammen Dramen wie »Romeo und Julia« oder »Macbeth« zweifelsfrei aus einer einzigen Hand. In jedem Fall steht der Name William Shakespeare für zeitlose Sprachgewalt und Tiefe, für einen Meister seines Fachs, wer immer er war.

# 27. April 1950

## Ein idealistischer Urlaubstraum

Der belgische Wasserballspieler Gérard Blitz verwirklicht eine Idee: Urlaub wie im fröhlichen Trainingscamp einer Sportmannschaft, verbunden mit entsprechender Rundumbetreuung. Er organisiert 200 Zelte und stellt sie an den Strand von Alcudia auf Mallorca. Draußen sein, die Natur erfahren, sich bewegen, das ist das Ideal des Sportlers. Er nennt sein Zeltdorf »Club Mediterranee« und betreibt es auf gemeinnütziger Basis, Gewinn soll nicht erwirtschaftet werden. Das Interesse ist riesig. Bald werden die Zelte durch Strohhütten ersetzt, es folgt ein Feriendorf auf Tahiti. Die Anreise dauert einen Monat, es gibt noch keine Direktflüge ins Südseeparadies. Bis 1963 bleibt das Unternehmen dem Gemeinwohl verpflichtet, betrieben von Blitz und einem überzeugten Kommunisten aus Frankreich. Dann zieht sich Blitz zurück und wird Yogi. Auf seine Clubs geht der Beruf des »Animateurs« zurück, der zu Aktivitäten ermuntert und Urlauber zu einer Gruppe verbindet. Inzwischen ist die Firma ein millionenschweres Unternehmen. Die Idee des »all inclusive«-Urlaubs hat sämtliche Strände dieser Welt erobert.

Freitagsgeschichten

**Im Alten Rom** ist unser fünfter Tag der Woche der Venus geweiht, Göttin der Liebe und der Familie. Der »vendredi« in Frankreich belegt das beispielhaft für die romanische Sprachgruppe. Im Deutschen leitet sich das Wort von der entsprechenden nordischen Göttin ab, Frija oder Frigg. Ob und wie diese Schutzherrin der Familie mit der ähnlich klingenden Liebesgöttin Freya verwandt ist, wird diskutiert. Kulturell ist der Freitag in den abrahamitischen Religionen stark bedeutungsgeladen, also in Judentum, Christentum und Islam. Für Muslime ist der Freitag der wöchentliche Feiertag, der Tag, an dem das wichtigste Gebet gesprochen wird und an welchem der Imam in der Moschee predigt. Daher ist der Freitag im Islam auch traditioneller Versammlungstag. Im jüdischen Glauben dient der Freitag zur Vorbereitung auf den heiligen Sabbat.

Im Christentum hingegen hat der Freitag eine negative Bedeutung erhalten: Jesus soll an diesem Tag gekreuzigt worden sein. Daher tut der Sünder am Freitag Buße und verzichtet auf eine Fleischmahlzeit. Es sei denn, er erklärt wie manches kreative mittelalterliche Kloster den Biber zum Fisch oder brät Hackfleisch einfach in einer Fischform. Fällt der Freitag auch noch auf den 13. eines Monats, mischt sich die Religion mit dem Aberglauben. Während Juden in der 13 eine Glückszahl sehen, geht ein erheblicher Teil des christlich geprägten Abendlandes am Freitag dem 13. in Deckung. Arbeitnehmer melden sich dann nachweislich über drei Mal häufiger krank als an anderen Tagen. Im Gegensatz dazu nimmt die Zahl der tatsächlichen Unglücksfälle jedoch ab, vielleicht als Folge abergläubischer Zurückhaltung. In manchen Fällen wird die Angst vor dem vermeintlichen Unglückstag krankhaft: Wer unter »Paraskavedekatriaphobie« leidet, kann an einem Freitag dem 13. sein Alltagsleben nicht mehr bewältigen.

# 15. Dezember 1944

## Glenn Miller stirbt im Bombenhagel

Bomben stürzen aus dem Nebel in den Ärmelkanal. Tausende von Bomben, die eigentlich über der Stadt Siegen in Westfalen abgeworfen werden sollten. Doch die britische Staffel von über 130 Flugzeugen muss wegen dichten Nebels umkehren und entledigt sich vor der Landung in der Heimat ihrer tödlichen Fracht. Plötzlich sieht der Navigator Fred Shaw unterhalb des viermotorigen Lancaster-Bombers ein kleines Propellerflugzeug, mitten im Bombenregen. Wenig später ist das Flugzeug verschwunden, und mit ihm wahrscheinlich der legendäre Big-Band-Leader Glenn Miller. Der Musiker war unterwegs zu einem Konzert für alliierte Soldaten in Paris, an Bord einer Maschine, auf welche die Beschreibung des Lancaster-Navigators passt. Ein trauriges Ende für den berühmten Künstler, der sich freiwillig für die moralische Unterstützung seiner Landsleute gemeldet hatte. Im Alter von 40 Jahren trifft das Schicksal den Posaunisten, der mit Hits wie »In The Mood«, »Chattanooga Choo-Choo« und »Moonlight Serenade« einen Erfolg nach dem anderen feiert. Der Krieg nimmt der Welt auch einen der großartigsten Musiker seiner Zeit.

# 25. Dezember 1818

## Die Nacht, die wirklich still und heilig war

In der Pfarrkirche St. Nikolaus im Salzburger Land haben sich Salzachschiffer und Schiffbauer mit ihren Familien zur Christmette versammelt. Eine stille Nacht, eine heilige Nacht – zum allerersten Mal, denn das weltweit berühmteste Weihnachtslied erlebt seine Uraufführung. Hilfspriester Josef Mohr hat den Text geschrieben, vom Organisten und Lehrer Franz Gruber stammt die Melodie zu »Stille Nacht, heilige Nacht«. Die Uraufführung wird jedoch nicht von der Orgel, sondern mit der Gitarre begleitet. Man vermutet, die alte Kirchenorgel sei in jenem Jahr defekt gewesen. Sängergruppen aus Österreich tragen das Lied bald in die ganze Welt, Mitte des 19. Jahrhunderts wird in Amerika schon die englische Übersetzung gesungen. Heute gibt es etwa 300 verschiedene Sprachfassungen des Weihnachtsliedes. Die Kirche, deren Mauern die Melodie als erste zurückschallen ließen, steht nicht mehr – wegen ständiger Hochwassergefahr wird die Gemeinde Oberndorf um 1900 herum komplett verlagert. Seit einigen Jahrzehnten erinnert jedoch eine Gedächtniskapelle an jene stille und heilige Nacht von 1818.

# 04. Oktober 1957

## Ein schockierender kleiner Begleiter

Um 22:28 Uhr hebt in Baikonur, Kasachstan, eine Rakete ab. Sie ist 34 Meter hoch und fast 300 Tonnen schwer. Fünf mächtige Triebwerkseinheiten schieben das Monstrum in den Himmel. An Bord: Fast nichts. Die Rakete soll schwere Wasserstoffbomben transportieren. Doch an diesem Freitag ist nur ein winziges Objekt an Bord, eilig zusammengeschustert. Die russische Interkontinentalrakete soll bei ihrem Testflug nicht leer sein – und etwas beweisen. Dazu dient eine Aluminiumkugel von knapp 60 Zentimetern Durchmesser. In ihrem Inneren: Thermometer, Batterien und zwei Funksender. »Sputnik« heißt die Kugel, übersetzt »Begleiter«. Der Start gelingt, die kleine Nutzlast wird in der Erdumlaufbahn ausgesetzt. Nur das Team in Baikonur weiß zu diesem Zeitpunkt, dass gerade Geschichte geschrieben wurde. Die Führung in Moskau interessiert sich für den ersten von Menschen gebauten Erdtrabanten erst, als das Piepen des Sputnik die USA in Panik versetzt: Der Satellit macht deutlich, dass russische Raketen funktionieren und Amerika erreichen können. Der Wettlauf um die Vorherrschaft im All ist eröffnet.

# 14. Oktober 1955

## Der amerikanische Froschkönig

Ein Stück alter Mantelstoff und zwei Tischtennisbälle werden zum Leben erweckt: Kermit ist geboren. Ein Frosch ist die grüne Puppe zu dieser Zeit noch nicht unbedingt, Kermit ähnelt noch mehr einer Eidechse. Die Figur ist Teil der kurzen Kindersendung »Sam and Friends« und eine Schöpfung des sehr jungen Puppenspielers Jim Henson. Noch während seines Studiums in Washington produzieren Henson und seine spätere Ehefrau Jane die Sendung. Ein großer Erfolg, die Reihe läuft bis 1961. Die »Muppets« aber, ein Kunstwort aus »Marionette« und »Puppe«, entwickeln sich erst allmählich. 1969 wird Jim Henson gebeten, Puppen für die »Sesamstraße« beizusteuern – und Kermit, jetzt eindeutig ein Frosch, wird schnell der Star. Die berühmte »Muppet Show«, gedacht für ein erwachsenes Publikum, wird jedoch in England produziert – in Amerika glaubt anfangs niemand an den Erfolg. Das ist Geschichte. Kermit der Frosch hat einen eigenen Stern auf dem Hollywood Walk of Fame, dem Gehsteig des Hollywood Boulevard, auf dem die großen Stars der Traumfabrik verewigt sind.

## 07. September 1951

# Orden für Damen und Herren

Bundespräsident Theodor Heuss unterzeichnet einen Erlass. Darin heißt es: »In dem Wunsche, verdienten Männern und Frauen des deutschen Volkes und des Auslandes Anerkennung und Dank sichtbar zum Ausdruck zu bringen, stifte ich am 2. Jahrestag der Bundesrepublik Deutschland den Verdienstorden.« Der Verdienstorden ist besser bekannt als das »Bundesverdienstkreuz«, obwohl dieses nur einen Teil der acht verschiedenen Ausführungen des Ordens darstellt. Der Verdienstorden wurde seit seiner Stiftung über 240.000 Mal verliehen. Prinzipiell kann jeder einen anderen Menschen als Träger dieser Auszeichnung vorschlagen; ein entsprechendes Gesuch ist formlos an die Staatskanzlei des jeweiligen Bundeslandes zu richten. Es gibt das Bundesverdienstkreuz in allen Ausführungen jeweils als Damen- und Herrenversion, nur die sogenannte Verdienstmedaille ist geschlechtsneutral. Die Firma, welche die Auszeichnung aus einer lackierten Kupfer-Zink-Legierung fertigt, stellt ansonsten auch Faschingsorden her.

# 15. August 1969

## Musik und Liebe in der Schlammwüste

Wer von der grob gezimmerten Bühne aus hinunterblickt, sieht ein Meer. Ein Meer aus Menschen. Eine Wiese in Bethel etwa 200 Kilometer nordwestlich von New York City verschwindet unter mehr als einer halben Million Konzertbesuchern. Zehnmal so viele Menschen wie geplant feiern mit über 30 Bands den Frieden und die freie Liebe. Das legendäre Woodstock-Festival hat begonnen, benannt nach dem ursprünglich geplanten Veranstaltungsort weiter im Norden. Die Menschenmassen lassen Schlimmes befürchten: Musiker wie Besucher sind mehrheitlich mit Drogen vollgepumpt, einige Bands finden vor lauter Entrückung die Instrumente nicht mehr. Toiletten, Verpflegung, ärztliche Versorgung – nichts reicht aus, alles muss improvisiert werden. Regengüsse verwandeln das Gelände in eine Schlammwüste. Doch das Fest gelingt. Drei einmalige Tage lang bleibt die Menschenmasse einer Großstadt friedlich und straft alle Kritiker Lügen. Für einen kurzen Moment besteht die Welt der Woodstock-Besucher tatsächlich rein aus Musik und Liebe.

# London wird mal gründlich sauber

Ein britischer Patenteintrag markiert die Geburtsstunde des Staubsaugers. Hubert Cecil Booth, erfahrener Ingenieur, revolutioniert die Haushaltsführung. Der Brite hatte beobachtet, dass Reinigungsgeräte seiner Zeit den Staub fast nur aufwirbeln, verteilen und wegblasen. Booth entwickelt einen Apparat, der den Staub wirklich entfernt, also aufsaugt und in einem Behälter sammelt. Der Trick: Ein saugender Ventilator *hinter* einem Filter aus Stoff. Da viele Häuser zu jener Zeit noch keinen Stromanschluss haben, ist der erste Staubsauger so groß wie eine Kutsche, wird von Pferden gezogen und hat einen Benzinmotor. Die lärmende Maschine parkt auf der Straße, während Bedienstete den 27 Meter langen Schlauch durch die Häuser dirigieren. Eine Art Grundreinigung Londons findet statt – der Staubsauger namens »Puffing Billy« trägt Jahrzehnte alte Schmutzschichten ab, zumindest in Haushalten, die sich das leisten können. Cecil Booth befasst sich aber nicht nur mit Staub. Der Ingenieur ist auch bekannt als Konstrukteur des Riesenrades im Wiener Prater.

# 31. August 1888

## Das erste Opfer des Serienmörders

Mary Ann Nichols ist 43 Jahre alt, als ihr der Unbekannte mit einem langen Messer zwei Mal die Kehle durchschneidet. Gegen drei Uhr nachts passiert der schreckliche Mord, und offenbar mitten auf der Straße. Eine halbe Stunde später wird der Leichnam der mittellosen Frau gefunden. Sie trank und schlug sich als Prostituierte durch, aber in ihrem Umfeld gibt es keinen Hinweis auf den Mörder. Im September und November werden im Londoner Stadtteil Whitechapel vier weitere Frauen gefunden, auf dieselbe Weise ermordet und anschließend verstümmelt. Scotland Yard sucht einen Serienkiller. Hunderte angebliche Bekennerbriefe gehen bei der Polizei ein; einer davon ist mit »Jack the Ripper« unterschrieben. Er wird zunächst für echt gehalten und gibt dem Mörder seinen Namen. Heute gilt als unwahrscheinlich, dass dieses Schriftstück vom wahren Täter verfasst wurde. Warum mindestens fünf Frauen auf bestialische Weise umgebracht wurden und von wem – das ist der vielleicht berühmteste ungeklärte Kriminalfall der Geschichte.

# Traumfabrik beim Stechpalmenwald

Dreizehn Buchstaben erstrahlen seit diesem Tag über einer Hügellandschaft an der amerikanischen Westküste. Sie sind eine Botschaft des Glücks, zumindest für den Herausgeber der Los Angeles Times, Harry Chandler. Ihm gehört das Baugebiet rund um die weißen Buchstaben, die so hoch sind wie ein fünfstöckiges Haus. Der Schriftzug ist ein Werbegag. Allerdings ein unübersehbarer: Nachts leuchten nacheinander die drei Worte »Holly«, »Wood« und »Land« auf. »Hollywoodland« – Land beim Stechpalmenwald. Immobilien und Bauland sind der eigentliche Wirtschaftsmotor in diesem neuen Stadtteil von Los Angeles. Natürlich wird der Boom befeuert von der Filmindustrie, die zu Beginn des 20. Jahrhunderts die Vorzüge der Region entdeckt. Schnell werden die Riesenbuchstaben auch ein beliebtes Foto- und Filmmotiv. Kurz bevor sie verfallen, werden die Buchstaben restauriert, das dritte Wort »Land« wird entfernt. Die Stadt macht aus der Werbebotschaft ein offizielles Denkmal für die einst winzig kleine Siedlung.

# 27. Juli 1990

# Das Auto, das sanft die Eier schaukelt

Zwei portugiesische Arbeiterinnen polieren noch einmal die mächtigen grauen Kotflügel. Der Wagen schaukelt modelltypisch zur Seite, als der Monteur einsteigt und den winzigen Boxermotor anlässt. Der letzte fabrikneue 2CV verlässt unter dem Applaus der Belegschaft die Werkshalle. Nun wird die »Ente« von Citroën endgültig nicht mehr produziert. In der portugiesischen Stadt Mangualde läuft das letzte Exemplar der Autolegende vom Band. 42 Jahre lang können versierte Fahrer den Wagen selbst reparieren, 42 Jahre lang genügen maximal 29 PS, um vier Erwachsene notfalls auch über einen zugeschneiten Acker zu transportieren. Denn das ist in den 1940er Jahren die Vorgabe an die Konstrukteure: Ein einfaches Auto für Bauern, dessen Federung die frischen Eier über Feldwege unbeschadet zum Markt bringt. Das Ergebnis ist ein fahrendes Sofa mit einer zeitlos merkwürdigen Karosserie, voller Unzulänglichkeiten und undicht, aber auch unschlagbar robust. Bis zuletzt kann die Ente notfalls per Handkurbel gestartet werden.

# 07. Juni 1929

# Staatsgründung mitten in der Stadt

Ein kleines Areal inmitten von Rom gehört nicht mehr zu Italien. Der Vatikanstaat ist entstanden, eines der merkwürdigsten politischen Gebilde der heutigen Zeit. Kardinalstaatssekretär Pietro Gasparri hatte zuvor mit dem faschistischen Diktator Mussolini Verträge ausgehandelt, die aus dem Sitz der katholischen Kirche wieder einen souveränen Staat machen. Über 1.000 Jahre lang hatte ganz Rom zum sogenannten Kirchenstaat gehört, einem großen Gebiet auf dem italienischen Stiefel, das allein dem Papst unterstand. 1870 schließlich fallen die Reste dieses Kirchenstaates an das italienische Königreich, Papst Pius IX. hat kaum noch Soldaten zu seiner Verfügung und gibt den Forderungen der Italiener nach. So endet die weltliche Macht des Papstes – eigentlich. Allerdings wird der Staat Italien von den Päpsten bis 1929 einfach nicht anerkannt. Der Trotz zahlt sich aus: Der Vatikan wird durch die sogenannten Lateranverträge wieder völkerrechtlich eigenständig. Knapp 1.000 Einwohner unterstehen heute dem letzten absolutistischen Herrscher Europas – dem Papst.

# 24. Juni 1859

## Grenzenloses Mitgefühl

Es ist wieder so weit: Tausende sterben in einem grausamen Kampf, angetrieben von Feldherren, denen ein Menschenleben nichts gilt. Schauplatz ist die Umgebung der Stadt Solferino in Norditalien, nicht weit vom Gardasee. Ausgehungerte Soldaten aus Frankreich, Sardinien und Österreich liefern sich ein furchtbares Gemetzel. Helfer aus der Umgebung, vor allem Frauen, sammeln die Verstümmelten ein und versuchen die Not zu lindern. Auch der französische Geschäftsmann Henry Dunant packt mit an. Er war rein zufällig in der Gegend, nun sterben viele Verwundete in seinen Armen. Die Helfer machen keinen Unterschied zwischen den Kriegsparteien, kümmern sich um alle gleichermaßen. Aber ihre Möglichkeiten reichen nicht aus, viele Menschen sterben trotz der Bemühungen. Dunant ist schockiert und handelt. Er entwirft die Idee einer strikt neutralen Hilfsorganisation und findet international Unterstützung. Das Rote Kreuz wird gegründet. Privat ruiniert sich Dunant durch seinen Einsatz für diese Idee, der er alles unterordnet. 1901 wird er mit dem ersten Friedensnobelpreis ausgezeichnet.

# 01. Mai 1840

# Die Königin ist eine Marke

In London werden für einen Penny kleine Papierchen feilgeboten. Darauf ist in schwarzer Farbe Ihre Majestät Königin Victoria abgebildet, trotzdem schleckt man die Rückseite mit der Zunge ab. Die erste Briefmarke der Welt kann auf den Umschlag geklebt werden. Die britische Post hat diese sogenannte »One Penny Black«-Marke in Umlauf gebracht. Fortan zahlt nicht mehr der Empfänger, sondern der Absender. Die gestempelte Marke zeigt dem Briefträger, dass er keine Gebühren verlangen muss. Diese Idee stammt ursprünglich aus dem Gerichtswesen: Vor der Briefmarke gibt es in vielen Ländern bereits Gebührenmarken, mit denen Verwaltungsdienste oder Steuern bezahlt und gekennzeichnet werden. Die »One Penny Black«-Marke sieht für heutige Verhältnisse ungewohnt aus, denn sie hat noch keine Perforationszähnchen am Rand. Bis heute haben britische Briefmarken als einzige weltweit auch keine Länderkennzeichnung. Das Konterfei des jeweiligen Monarchen muss als Hinweis genügen.

# 09. Mai 1941

## Operation »Primel«

Wasserbomben zwingen südlich von Island das deutsche U-Boot U-110 zum Auftauchen. Es ist schwer beschädigt und wird sinken, die Mannschaft gibt das Kriegsschiff auf und geht von Bord. Das U-Boot hatte einen britischen Schiffskonvoy angegriffen. 32 deutsche Marinesoldaten werden gefangen genommen, 15 sind umgekommen. Aber die Deutschen haben sich geirrt – das U-Boot geht nicht sofort unter. Gelegenheit für die Operation »Primel«, eines der größten britischen Geheimnisse im Zweiten Weltkrieg: Matrosen Ihrer Majestät entern das U-Boot und finden ein Exemplar der Chiffriermaschine »Enigma«, und, noch wichtiger, Dokumente über einen bisher unbekannten Reservecode. Jetzt läuft eine gigantische Vertuschungsmaschine an. Nazi-Deutschland darf auf keinen Fall erfahren, dass das U-Boot aufgebracht wurde, damit die Codes nicht geändert werden. Sieben Monate lang gelingt die Täuschung und verschafft den britischen Codeknackern einen Vorsprung. Über 1.000 Nachrichten können entschlüsselt werden.

# 10. Mai 1996

# Tragödie in der Todeszone

Ein schwerer Sturm zieht auf. Das Thermometer fällt weit unter minus 50 Grad in der Todeszone von Chomolungma, der »Mutter des Universums«. So nennen die Tibeter den Mount Everest, an jenem Freitag Schauplatz einer Tragödie. Acht Menschenleben wird der höchste Berg der Erde in der folgenden Nacht fordern, letztlich eine Folge des Massentourismus. Über 30 Bergsteiger wollen an diesem 10. Mai auf den Gipfel. Gegen Mittag kommt es zu einem regelrechten Stau, einige Bergsteiger warten stundenlang in über 8.000 Metern Höhe. Als das Wetter umschlägt, schaffen viele den Abstieg nur mit Glück und letzter Kraft, in der Dunkelheit einige gar nicht mehr, darunter drei Bergführer. Sie erfrieren. Der amerikanische Expeditionsteilnehmer Jon Krakauer erzählt die Geschichte dieses traurigen Tages in einem weltberühmten Buch. Es macht deutlich, dass man auf einem fast neun Kilometer hohen Berg in absoluter Lebensgefahr schwebt. Auf Rettung kann man nicht hoffen. Im Lauf der Jahre finden hunderte Menschen ihr Grab im ewigen Eis von Chomolungma.

## 17. Mai 1861

# Die Reisen des Predigers

Ein Baptistenprediger begrüßt herzlich seine Mitreisenden. Er und eine große Gruppe britischer Arbeiter machen sich auf den Weg nach Paris. Die Reisegruppe ist recht entspannt, denn man muss sich um nichts kümmern: Der Prediger hat alles arrangiert. Tickets, Verpflegung, Unterkunft in Paris. Alles für einen Preis. Einen Pauschalpreis. Der Prediger namens Thomas Cook hat eine völlig neue Form des Urlaubs erfunden: Sein Unternehmen kümmert sich um alle Aspekte der Reise, der Kunde kann einfach buchen und losfahren. Begonnen hatte alles mit Ausflügen von Antialkoholikern. Prediger Cook organisiert zunächst kurze Bahntouren für die Abstinenzbewegung. Die Gruppen werden immer größer, so gewährt ihm die Eisenbahngesellschaft schließlich großzügige Rabatte für Kontingente an Sitzplätzen. Er erfindet Hotelgutscheine und Reiseschecks. Schon 1872 organisiert Thomas Cook die erste Weltreise: 222 Tage »all inclusive«. Sein Erfolgsrezept: Cook bereist anfangs alle Strecken selbst und schreibt auch gleich den Reiseführer.

# Der Schneider von Ulm stürzt ab

Zwanzig Meter über der Donau bereitet sich ein Mann auf die Chance seines Lebens vor. Auf seinen Rücken hat er eine Gleiterkonstruktion aus Fischbein, Seide und Schnüren geschnallt. Albrecht Berblinger nimmt Anlauf, springt – und fällt in die Donau, zu Füßen der Adlerbastei von Ulm. Unter dem höhnischen Gelächter der Schaulustigen rettet sich der Schneider von Ulm ans Ufer. Der Flugversuch macht ihn zum Gespött seiner Zeitgenossen. Eine üble Laune des Schicksals, denn ein Nachbau zeigt im 20. Jahrhundert: Berblingers Gleiter mit einer Spannweite von etwa sechs Metern war flugtauglich. Nur das Fehlen des nötigen Aufwinds über der kühlen Donau lässt die Pioniertat scheitern. Das wissen damals weder Berblinger noch die Zuschauer. So wird das Fluggerät, in das der Schneider all seine Kraft und sein Geld gesteckt hat, zum Fluch: Berblinger, der es einst vom Waisenjungen zum erfolgreichen Handwerker gebracht hatte, gilt fortan als Witzfigur. Er stirbt mittellos und wird in einem Armengrab beigesetzt.

## 2. Februar 1829

# Ein Leben für die Tiere

In einem Thüringer Pfarrhaus gibt es Nachwuchs. Der evangelische Pastor ist nicht nur stolzer Vater, sondern zeitlebens begeisterter Vogelkundler. Sein eben geborener Sohn Alfred wird diese Leidenschaft teilen und ausbauen. Zunächst absolviert Alfred Brehm eine Maurerlehre, studiert dann Architektur. Aber damit ist bald Schluss: Im Alter von nur 18 Jahren bekommt er die Gelegenheit, eine vogelkundliche Afrika-Expedition zu begleiten. Fünf Jahre wird diese Reise dauern, und Alfred Brehm wird sein Leben lang von der Tierwelt fasziniert bleiben. Er wird Naturwissenschaftler und Zoodirektor, erst in Hamburg, später in Berlin – und schreibt ein Buch, das ihm Weltruhm bringt: »Brehms Tierleben«. Von seiner Afrika-Reise in jungen Jahren hat Alfred Brehm aber auch die Malaria behalten. Lange nach der Expedition bricht sie wieder aus und bringt Brehm mit nur 55 Jahren den Tod. Ohne Brehms Geburt am 2. Februar 1829 wüssten Generationen praktisch nichts über – das Tierleben.

# Zeitreise im goldenen Sarkophag

In Oberägypten westlich des Nils steht eine Gruppe von etwa 20 Augenzeugen vor einer goldenen Wand. Die Wand gehört zu einem riesigen vergoldeten Holzschrein, der fast den gesamten unterirdischen Raum ausfüllt. Darin finden sich drei weitere ineinander geschachtelte Holzschreine. Darin wiederum ein Sarkophag aus Quarzgestein, darin geschachtelt zwei weitere Holzsärge – und im Innersten schließlich ein Sarg aus purem Gold. Die letzte Ruhestätte von Tut-Ench-Amun. Die Briten Howard Carter und George Lord Carnavon hatten das Grab im Tal der Könige entdeckt und geöffnet. Eine Zeitreise von über 3.000 Jahren. Merkwürdig nur, dass später auf der ganzen Welt Relikte aus diesem Grab auftauchen. Kunstwerke, die nie offiziell registriert wurden. Es besteht der Verdacht, dass Carter hier und dort Gegenstände abgezweigt hat, als kleinen Nebenverdienst. Wahrscheinlich hat Howard Carter die berühmte Grabkammer also gar nicht am 16. Februar 1923 erstmals betreten, sondern wesentlich früher – *ohne* Augenzeugen.

# 7. Januar 1785

# Ohne Ärmel über den Kanal

Zwei Männer besteigen die Gondel unter einem Ballon, der mit Wasserstoff gefüllt ist. Der eine ein Franzose, klein wie Napoleon. Der andere ein amerikanischer Arzt. Sie sind schwer zerstritten, denn der Franzose Jean-Pierre Blanchard möchte den Ruhm dieser Ballonfahrt unbedingt alleine ernten. Dummerweise ist der Amerikaner Dr. John Jeffries der Geldgeber und erzwingt seine Teilnahme. Beide steigen also in Dover auf, um erstmals den Ärmelkanal durch die Luft zu überqueren. Ein Drittel der Strecke ist geschafft, als der Ballon stark absinkt. Blanchard und Jeffries werfen jeglichen Ballast ab, sogar wissenschaftliche Instrumente. Doch sie sind zu schwer, die Wellen kommen näher. Kurz vor Calais an der französischen Küste entledigen sie sich in höchster Not auch noch ihrer Kleider. Das hilft über die letzten Meter. Und so gehen am 7. Januar 1785 zwei Männer in Unterhosen in die Geschichte ein – das Überfliegen des Ärmelkanals ist geglückt.

# 15. Januar 1943

## Ein schicksalhaftes Bürohaus

Nach nur 16 Monaten Bauzeit ist das Haus fertig, in dem bis heute Entscheidungen von globaler Tragweite getroffen werden. Eigentlich ist es bloß ein Bürokomplex – allerdings ein gewaltiger. 344.000 Quadratmeter nutzbare Fläche, 131 Treppen, Platz für 23.000 Beschäftigte. Willkommen im Pentagon, dem Sitz des US-Verteidigungsministeriums. 28 Kilometer Flur ziehen sich durch den fünfeckigen Komplex. Dank der merkwürdigen Form kann jeder Punkt der Konstruktion von jedem anderen Punkt aus zu Fuß in weniger als sieben Minuten erreicht werden. Das Gebäude wird am 11. September 2001 schwer beschädigt, als Terroristen ein Verkehrsflugzeug in die Westwand lenken. 184 Menschen sterben. Die Zahlen gehen nur deshalb nicht in die Tausende, weil dieser Gebäudeflügel gerade umgebaut wird und zum Teil bereits verstärkt ist. Das Pentagon ist ein Bürohaus, das als Symbol die Welt spaltet wie kein zweites.

# 25. Januar 1924

# Bescheidene Winterspiele am Mont Blanc

Ganze 284 zahlende Zuschauer verfolgen eine Eröffnungsze-remonie in Chamonix unterhalb des Mont Blanc, des höchsten Berggipfels der Alpen. Die Internationale Wintersportwoche hat begonnen. Sie wird später umbenannt in die ersten Olym-pischen Winterspiele. Einigermaßen überschaubar ist nicht nur das Publikumsinteresse zur bescheidenen Eröffnungsfeier, sondern mit 258 auch die Zahl der Athleten. Zum Vergleich: An den Wettbewerben 2010 in Vancouver nehmen mehr als zehnmal so viele Sportler teil. Die ersten Winterspiele sind noch fast komplett Männersache – nur 11 Frauen treten an, aus-schließlich im Eiskunstlauf. Die Skispringer begnügen sich mit Weiten um die 50 Meter. Der Erste Weltkrieg ist noch frisch in der Erinnerung, und so fehlt bei den ersten Winterspielen ein berüchtigter Teilnehmerstaat: Deutschland. Es gilt als Kriegs-treiber und ist nicht eingeladen.

# Jahrhundertwinter im Norden

Milde zehn Grad in Norddeutschland. Viele machen sich auf zu Verwandten oder in den Urlaub an der Küste. Dann, so berichten Augenzeugen, sackt minutenschnell die Temperatur tief ab. Aus leichtem Regen wird ein Schneesturm. Eisigste Luft aus Skandinavien drückt über die Ostsee, die innerhalb von Stunden zufriert. Das gesamte Leben steckt in meterhohen Schneewehen fest. In den Kreisen Schleswig und Rügen sind alle Verkehrswege unpassierbar, unter Eis und Schnee brechen Strom- und Telefonleitungen. In der DDR friert die Braunkohle in den Waggons fest. Selbst schwere Bergepanzer von Bundeswehr und Roter Armee bleiben im Schnee stecken, normale Schneepflüge und -fräsen sowieso. Manche, die sich zu Fuß vor die Tür wagen, werden erst im Mai tot wiedergefunden. Bis zu sieben Meter hoch türmt sich der Schnee, in vielen Häusern fällt die Temperatur fast auf den Gefrierpunkt. Mindestens 20 Menschen in Ost und West kommen um. Ein extremer Winter, der Erinnerungen an den Krieg weckt.

# 09. November 1979

# Simulierter Weltuntergang

Im Schlafzimmer des nationalen US-Sicherheitsberaters Zbigniew Brzezinski klingelt um drei Uhr nachts das Telefon. Der Telefonanruf kommt von William Odom, seinem Assistenten. 250 sowjetische Atomraketen seien auf dem Weg nach Amerika. Minuten später ist von 2.200 Atomraketen die Rede. Der Sicherheitsberater weckt seine Frau nicht auf – eine halbe Stunde später würde ohnehin die Welt untergehen. Kurz bevor er Präsident Jimmy Carter informiert, ein dritter Anruf: Einige Warnsysteme melden *keinen* Angriff. Ein Fehlalarm. Atomar bewaffnete US-Flugzeuge sind bereits in der Luft und drehen in letzter Minute ab. Ein Computerfehler ist schuld. Ein Mitarbeiter von NORAD, dem strategischen US-Kommandocenter, hatte versehentlich eine Testsimulation gestartet. Aus ungeklärten Gründen erscheint die Simulation auch auf den Live-Bildschirmen der wachhabenden Stützpunkte und löst Alarm aus. Das spektakuläre Versagen der Warnsysteme 1979 bleibt kein Einzelfall. Die Liste der Beinahe-Atomkriege vor dem Mauerfall ist lang.

# 15. November 1901

## Schwerhörige hören leichter

Das Patent für den US-Ingenieur Miller Reese Hutchison beschreibt folgende Anordnung: Ein Kohlemikrofon ist über lange Kabel mit einem Lautsprecher verbunden, dieser mit einem Schalter versehen. Eine Batterie spendet den Strom. Die simple Schaltung bildet das erste elektrische Hörgerät. Die neumodische Erfindung hängt man sich einfach um den Hals, der Lautsprecher wird an ein Ohr gehalten. Zwar ist die Klangqualität eingeschränkt wie die eines Telefons und die Verstärkung relativ schwach, doch das »Acousticon« hilft zuverlässiger als mechanische Apparate. Über Jahrhunderte müssen sich Schwerhörige mit kleinen Trichtern behelfen, deren dünnes Ende man sich direkt ins geschädigte Ohr steckt. Miller Reese Hutchison erfindet aber auch noch das Gegenteil des Hörgeräts: Die erste elektrische Hupe. Das sogenannte »Klaxon« ist das akustische Markenzeichen der Oldtimer. Mark Twain soll über Hutchison gespottet haben: »Er hat die Hupe erfunden, damit die Leute taub werden und seine Acousticons kaufen müssen.«

# 24. November 1916

# In der dritten Klasse gibt's nur Kissen

Die neu gegründete »Mitteleuropäische Schlafwagen- und Speisewagen Aktiengesellschaft«, kurz »Mitropa«, erhält in Deutschland das Monopol auf die gastronomische Bewirtschaftung der Bahn. Der Konkurrent, die französische Gesellschaft ISG, wird im Ersten Weltkrieg enteignet. Speisewagen sind damals seit über 20 Jahren in Gebrauch. Sie ersparen Reisenden der ersten und zweiten Klasse Einkäufe während eines Bahnhofsaufenthalts. Wer dritter Klasse fährt, kann sich bei der Mitropa lediglich für eine Reichsmark ein Kissen mieten, um den Komfort der Holzklasse zu erhöhen. In den Goldenen Zwanziger Jahren bewirtschaftet die Firma das Aushängeschild der Bahn: Den Rheingold-Express. Jeder zweite luxuriöse Wagen hat eine Küche, direkt am Platz wird betuchten Reisenden Spitzengastronomie geboten. Nach dem Krieg bleibt der Markenname Mitropa in der DDR bestehen und wird nach der Wende kurz gesamtdeutsch wiederbelebt. Seit 2010 steht der fast 100 Jahre alte Name aber auf dem Abstellgleis der Speisewagengeschichte.

# 15. Oktober 1880

# Dom ohne Erzbischof

Der deutsche Kaiser nebst Frau und zahlreiche Fürsten erscheinen zum Fest am Ende eines 600-jährigen Bauprojekts: Der Kölner Dom ist endlich fertig. Baubeginn war 1248 nach den Plänen eines gewissen Meister Gerhard. Wer dieser Konstrukteur war und warum gerade ihm der Dombau angetragen wurde, ist nicht genau bekannt. Doch das Werk von Meister Gerhard, der 1271 unter ungeklärten Umständen vom Baugerüst zu Tode stürzt, ist gewaltig. So gewaltig, dass um 1530 herum das Geld ausgeht. Die nächsten 300 Jahre ragt eine Art halber Dom aus dem Zentrum von Köln. 1840 beschließt ein Verein um den Kölner Kunsthistoriker Sulpiz Boisserée, den Torso zu vollenden. Einige Jahre zuvor hatte man die Originalpläne von Meister Gerhard wiederentdeckt. Mit Spenden und Lotterien werden umgerechnet zwei Milliarden Euro aufgebracht, bis das riesige Bauwerk in ganzer Pracht erstrahlt. Zur Feier 1880 aber fehlt der Erzbischof: Im Kulturkampf mit dem protestantischen Kaiser boykottieren die meisten Katholiken das Fest.

## 26. Oktober 1962

# Spiegelfechterei

Polizeibeamte betreten die Redaktion des Nachrichtenmagazins »Der Spiegel«. Sie durchsuchen und versiegeln die Räume, Redakteure werden abgeführt. Herausgeber Rudolf Augstein landet ebenfalls in Untersuchungshaft. Verteidigungsminister Franz-Josef Strauß erhebt gegen Augstein und seine Kollegen den Vorwurf des Landesverrats. Ein Artikel mit dem Titel »Bedingt abwehrbereit« habe geheime Informationen über die Bundeswehr öffentlich gemacht. Doch Minister Strauß und Kanzler Adenauer erreichen mit dem Angriff auf die Pressefreiheit gar nichts, im Gegenteil. Viele Bundesbürger sind entsetzt über die Aktion und demonstrieren vor dem Hamburger Pressehaus. Die Bundesanwaltschaft verzichtet nach einigen Wochen darauf, Anklage zu erheben. Der Vorwurf der Bundesregierung gegen das Magazin ist haltlos. Spiegel-Chef Augstein war 103 Tage zu Unrecht in Haft. Verteidigungsminister Strauß tritt zurück. Die Zeit, in der deutsche Politiker mit Hilfe der Staatsgewalt Berichterstattung abwürgen können, endet 1962 mit der Spiegel-Affäre.

# 24. September 1976

# Milliardenerbin für Bankraub verurteilt

Im Gerichtssaal in San Francisco wird ein Strafmaß verkündet. Sieben Jahre Gefängnis für Patricia Hearst, genannt Patty, Enkelin des Milliardärs und Medienmagnaten William Randolph Hearst. Im Alter von 19 Jahren war Patty Hearst in Kalifornien aus ihrem Apartment entführt worden. Mitglieder der zuvor unbekannten Terrorgruppe »Symbionese Liberation Army« SLA werfen sie in ein Auto und rasen davon. Zwei Jahre bleibt Patty Hearst in der Gewalt der Gruppe, unter sehr merkwürdigen Umständen. Etwa zwei Monate nach der Entführung schickt die SLA ein Tonband, auf dem die junge Frau sich zu den Zielen ihrer Entführer bekennt. Später nimmt sie mit der Waffe in der Hand aktiv an einem Banküberfall teil. Psychologen und Patty Hearst selbst sprechen von einer Art Gehirnwäsche. Um in der Hand ihrer Entführer zu überleben, habe sie sich der Gruppe angeschlossen. Nach Festnahme und Urteil 1976 sitzt die Milliardenerbin 22 Monate Haft ab. Dann wird Patty Hearst begnadigt, später folgt eine Karriere als Schauspielerin.

# 15. August 1483

## Des korrupten Klerikers Kapelle

Ein blasser Mann mit Hakennase feiert die Himmelfahrt Mariens vor den vielleicht bedeutendsten Kunstwerken seiner Zeit. Papst Sixtus IV. weiht die neu errichtete Capella Maggiore der Jungfrau Maria. Baufällig war die große Kapelle im Vatikan zuvor, ihre Wände sollen sich bereits geneigt haben. Doch Papst Sixtus lässt sie renovieren: Unter anderem Boticelli steuert Wandgemälde für die neue Kapelle bei, die nach ihrem Bauherrn fortan »Sixtinische Kapelle« genannt wird. Das berühmte Deckenfresko malt Michelangelo erst Jahre später, doch allein die Wandbilder und die fast 20 Meter hohen Mauern lassen den Besucher staunen. Die Kapelle ist seit vielen Jahren Schauplatz der Papstwahl. Zur Ehre Gottes hat Sixtus das Bauwerk jedoch kaum beauftragt – er gilt als gnadenlos korrupt, macht Günstlinge zu Kardinälen. Vertraute werden reichlich aus dem Vermögen der Kirche bedacht. So ist die Sixtinische Kapelle nach ihrer Weihe 1483 die einzige freudvolle Erinnerung an einen Papst, der die Kirche mit Vetternwirtschaft fast ruiniert.

# Kreuzzug gegen Brian

Für die einen ist es eine Komödie, für die anderen eine Beleidigung. In den USA kommt der Film »Das Leben des Brian« in die Kinos. Gedreht hat ihn die britische Komikertruppe Monty Python. Eine beißende Persiflage auf ein intolerantes Religionsverständnis. Beatle George Harrisson sichert die Filmfinanzierung aus eigener Tasche – die Produktionsfirma EMI macht schon im Vorfeld aus Furcht vor Protesten einen Rückzieher. Nicht nur in den USA und Großbritannien laufen christliche Hardliner Sturm gegen das Werk. In ihren Augen ist die Geschichte von Brian, der als Nachbar Jesu irrtümlich für den Messias gehalten wird, Teufelswerk. »Monty Snake« nennen sie die Komiker in Anlehnung an die biblische Schlange. Doch ihr Ruf nach Zensur verpufft. Als Norwegen »Das Leben des Brian« gänzlich aus den Kinos verbannt, werben Lichtspielhäuser in Schweden mit dem Slogan: »Dieser Film ist so lustig, dass sie ihn in Norwegen verboten haben«. Der Skandalfilm von 1979 gilt heute als zeitloses Meisterwerk des britischen Humors.

# 14. Juli 1865

# Die Bezwinger des gefährlichen Matterhorns

Um halb zwei Uhr nachmittags brüllen sechs junge Männer vor Erleichterung. Sie sind die ersten Menschen auf dem Gipfel des Matterhorns, des schweizer Wahrzeichens. Knapp 4.500 Meter hoch ist die berühmte Felspyramide, einer der gefährlichsten Berge in den Alpen. Die Erstbesteiger um den Engländer Edward Whymper verbringen eine Stunde auf dem Gipfel, werfen triumphierend Steine auf eine konkurrierende Seilschaft weiter unten. Eine weitere Stunde später sind vier der sechs erfolgreichen Bergsteiger tot. Kurz unterhalb des Gipfels rutscht beim Abstieg Douglas Hadow aus, ein unerfahrener 19-jähriger. Drei weitere Männer reißt er mit, dann bricht das Seil. Whymper und zwei schweizer Bergführer kommen so davon. Ihre unglücklichen Kameraden fallen tausend Meter tief auf den Gletscher. Sie trugen abgenutzte Stiefel, Hanfseile, keine Steigeisen. Waghalsigkeit und Mut brachten sie nach oben, nicht die Ausrüstung. Doch bis heute fordert das extrem steile Matterhorn mehr Opfer als jeder andere Berg in der Schweiz. Seit der Erstbesteigung haben über 450 Kletterer hier ihr Leben gelassen.

## 21. Juli 1950

# Elefant springt aus der Schwebebahn

In Wagen 13 der Wuppertaler Schwebebahn splittern Bänke und Fenster. Sekunden später fällt ein Elefant aus dem Waggon zehn Meter tief in das Wasser der Wupper. Doch »Tuffi«, wie die junge Elefantendame heißt, bleibt unverletzt. Sie gehört zum Zirkus Althoff, der in der Stadt am Rand des Ruhrgebiets gastiert. Direktor Franz Althoff hat die Verantwortlichen der Stadtwerke zu einem besonderen Werbegag überredet: Der kleine Elefant, der an frühere Werbefahrten mit Straßenbahnen gewöhnt ist, darf mit der Schwebebahn durch die Stadt gleiten. An der Station »Alter Markt« steigt Tuffi unter großem Hallo in den Waggon, begleitet vom Zirkuschef und seinen Kindern sowie vielen Medienvertretern. Einige Sekunden nach Abfahrt wird es dem Elefanten zu eng: Da Elefanten nicht nach hinten sehen können, Tuffi sich aber von Reportern bedrängt fühlt, versucht sie sich umzudrehen. Panik macht sich breit, Tuffi nimmt Anlauf und durchbricht das Fenster. Zum Glück wird niemand ernsthaft verletzt, auch Tuffi fährt später weiter ungerührt Straßenbahn und erlebt eine lange Karriere als Zirkuselefant.

# 7. April 1972

## Der Luftpirat mit dem Fallschirm

Der Luftdruck in der Passagierkabine der Boeing 727 wird gesenkt, die Beleuchtung abgeschaltet. Dann öffnet sich in 5.000 Metern Höhe die hintere Passagierluke. Richard Floyd McCoy springt mit dem Fallschirm und 500.000 Dollar in den Nachthimmel über dem US-Bundesstaat Utah. Fünf Stunden zuvor hat er einen Inlandsflug zwischen Denver und Los Angeles entführt, um Lösegeld zu erpressen. Niemand ahnt, dass die Granate in der Hand des Entführers nur ein Briefbeschwerer ist, seine Pistole nicht geladen. Bei einem Zwischenstopp in San Francisco werden Geld und Fallschirme an Bord gebracht, die Passagiere freigelassen. Mit einem Teil der Crew fliegt McCoy bis zu seinem Absprung weiter. Zwei Tage später wird der Vietnamveteran festgenommen, dann zu 45 Jahren Haft verurteilt. Eine spektakuläre Geschichte – aber nicht die erste ihrer Art. Im Herbst zuvor hat ein Entführer mit exakt derselben Methode 200.000 Dollar erpresst und entkommt, bis heute unerkannt. Trittbrettfahrer wittern Morgenluft: 1972 verzeichnen die USA 30 weitere Entführungsversuche, 19 dieser Luftpiraten wollen Lösegeld. Die Verbrechen sind Anlass für die heute üblichen Sicherheitskontrollen an Flughäfen.

## 23. Februar 1685

# Der Superstar des Barock

In Halle an der Saale wird ein Jahrhunderttalent geboren – das erste von gleich zwei musikalischen Genies, die das Jahr 1685 hervorbringt. Georg Friedrich Händel gilt gemeinsam mit Johann Sebastian Bach als prägender Komponist der Barockzeit. Doch es gibt einen Unterschied zwischen diesen beiden Giganten der klassischen Musik: Während Bach ein Dasein zur Ehre Gottes in den Mittelpunkt seiner Werke stellt, bedient Händel auch die weltliche Lebensfreude. Der kleine Georg Friedrich fällt früh als musikalisches Wunderkind auf, aber an der Familie liegt es hier nicht – die Mutter ist Pfarrerstochter, der Vater Wundarzt. Die musikalische Karriere führt Händel über Hamburg zunächst nach Italien. Sein Ruf eilt ihm bereits europaweit voraus, und schließlich gelangt Händel nach London. Dort lebt und arbeitet das Genie bis zu seinem Tod äußerst erfolgreich, unter anderem als Musikdirektor der königlichen Oper. Nach heutigen Maßstäben war Händel mehrfacher Millionär, ein Superstar der damaligen Musikszene. Er hinterlässt insgesamt über 600 Kompositionen, darunter 42 Opern.

# 25. Februar 1842

## Der sächsische Westernheld

In Ernstthal bei Zwickau wird ein Junge in bittere Armut geboren. Mäuse und Ratten, so schreibt er später, hätten mit der Weberfamilie stets unter einem Dach gewohnt. Schwere Mangelernährung lässt den kleinen Karl praktisch erblinden, weil er seine verschwollenen Augenlider nicht mehr öffnen kann. Erst die Ausbildung seiner Mutter zur Hebamme bringt neue Einnahmen – und Karl erhält im Alter von vier Jahren das Augenlicht durch erfolgreiche Behandlung zurück. Die Armut verfolgt ihn dennoch: Geschwister sterben reihenweise, kleine Diebstähle kosten Karl den Lehrerberuf, den er eigentlich anstrebt. Es folgt ein Absturz. Persönlichkeitsstörungen lassen ihn zum Betrüger werden, er kommt ins Gefängnis. Doch Karl hat ein Talent seiner Großmutter geerbt: Das Geschichtenerzählen. Er kann erste Texte verkaufen, und es werden schnell mehr. Bald tauchen Figuren wie Old Shatterhand und Winnetou in den Erzählungen auf. Aus dem Webersohn wird der meistgedruckte Schriftsteller Deutschlands. Über 200 Millionen Bücher in mehr als 40 Sprachen tragen bis heute den Namen Karl May.

Samstagsgeschichten

**»Am siebten Tag** vollendete Gott das Werk, das er geschaffen hatte, und er ruhte am siebten Tag, nachdem er sein ganzes Werk vollbracht hatte.« Die Schöpfungsgeschichte im Alten Testament begründet so die vielleicht früheste Feiertagsregelung: Ein Tag in jeder Woche soll ausdrücklich und ausschließlich der Erholung dienen. An anderer Stelle formuliert das Buch Mose das entsprechende Gebot: »Gedenke des Sabbats: Halte ihn heilig! Sechs Tage darfst du schaffen und jede Arbeit tun. Der siebte Tag ist ein Ruhetag, dem Herrn, deinem Gott, geweiht. An ihm darfst du keine Arbeit tun«. Das Einhalten der Sabbatruhe wird dem Volk Israel von Zeitgenossen oft als Schwäche ausgelegt und verspottet: Da die Israeliten am Sabbat auch nicht zu den Waffen greifen, nutzen Feinde den Ruhetag für verheerende Überfälle. Für die Römer ist ein Tag, an dem keine Geschäfte gemacht werden, schändliche Zeitverschwendung. Mit dem Christentum etabliert sich der Ruhetag dennoch in Mitteleuropa, wird aber zur Feier der Auferstehung Christi um einen Tag verschoben und gleichzeitig als wichtigster und erster Tag der Woche definiert.

Der Name »Samstag« entwickelt sich auf dem Umweg über das Griechische aus dem »Sabbat-Tag« und ist auch im romanischen Sprachraum gebräuchlich (frz. »samedi«). Die in Norddeutschland vielfach übliche Bezeichnung »Sonnabend« hingegen verweist auf die Antike, die den nachfolgenden Sonntag dem Tagesgestirn weiht. Der englische »Saturday« wiederum erinnert noch direkt an die römische Woche: Sie widmet den Tag dem Saturnus, einer vielgestaltigen wichtigen Gottheit, die unter anderem mit dem Erntefest im Herbst verknüpft ist. In unserer Zeit und unserer Kultur ist der Samstag weder ein Ruhetag noch ein richtiger Arbeitstag – ein Werktag mit bestimmten Ausnahmen. Mit der Einführung des Fernsehens wird der Samstag zum «Hauptsendetag«, an dessen Abend viele Jahre lang die meisten Zuschauer erreicht werden können. Für Jahrzehnte bildet die klassische große »Samstagabendshow« den Höhepunkt der Fernsehwoche.

# Salto Mortale für die Damen

Ein Mann in einem knappen Leibchen schwingt an einer Schaukel hin und her, hoch über dem Publikum. Dann ein atemloser Moment: Er lässt die Schaukel los, dreht einen Salto Mortale in der Luft und fängt sich an der Schaukel gegenüber. Die Frauen im Rondell des Cirque Napoleon im Herzen von Paris sind der Ohnmacht nahe. Nie hat ein Artist Vergleichbares gewagt. Jules Léotard wird zum Superstar – der erste Trapezkünstler. Fortan wird er mit Liebesbriefen überschüttet, der Artist wird von Groupies verfolgt wie heute Popstars. In Paris werden Krawatten, Kuchen, Handschuhe und andere Devotionalien mit dem Konterfei von Jules Léotard feilgeboten. Aus den zahlreichen Heiratsanträgen macht er sich jedoch nichts, er schreibt später, Konfekt sei ihm lieber. Die Begeisterung der Damen liegt auch an seinem selbst erfundenen Kostüm, einer Art Badeanzug, der Muskeln und Körpersprache betont. Heute ist dieses dehnbare Gewand Standard-Arbeitskleidung in Ballett und Artistik. Es heißt nach seinem wagemutigen Erfinder: Léotard.

# 21. November 1987

# Abschied des charmanten Dinosauriers

Der Dinosaurier verabschiedet sich in Wiesbaden zu den Klängen von »My Way«, gesungen von Paul Anka. Hans-Joachim Kulenkampff hat zum letzten Mal das Quiz »Einer wird gewinnen« moderiert, kurz EWG. Acht Kandidaten aus acht Ländern spielen seit 1964 um die moderate Gewinnsumme von 8.000 Mark. Über 80 Mal steht Kulenkampff für diese Show vor den Kameras, und auch die Einschaltquote liegt oft über 80 Prozent, heute unvorstellbar. Mit 43 Jahren hatte »Kuli« die Show begonnen, mit 66 hört er auf. Die Sendung lebt praktisch ausschließlich von ihrem Showmaster, der die zweifelhafte Tradition des »Überziehens« begründet. Einige Ausgaben von »Einer wird gewinnen« dauern eine halbe Stunde länger als geplant, weil Kulenkampff sich hemmungslos verplaudert. Doch niemand nimmt das übel – schließlich will man ihn genau deswegen sehen. Kollegen blicken noch heute neidvoll auf den manchmal bissigen Witz, mehr noch aber auf Leichtigkeit und Charme, mit denen »Kuli« vor allem seine Kandida*tinnen* durch die Sendung trägt.

## Erleuchtung führt zum Kopierer

Zwei Männer im New Yorker Stadtteil Queens reiben heftig an einer Schwefelplatte. Dann legen sie eine beschriftete Glasplatte darauf und schalten im dunklen Raum eine starke Lampe ein. Nach einigen Minuten nehmen sie die Glasplatte ab, streuen Bärlappsporen auf den Schwefel, pusten ein wenig, pressen ein Wachspapier darauf. Nach dem Abziehen kann man auf dem Papier lesen: »10 22 38 Astoria«. Diesen Text hat einer der beiden Männer, Chester Carlson, zuvor auf die Glasplatte geschrieben. Er und sein Assistent Otto Kornei haben soeben die erste Fotokopie angefertigt. Grundlage ist die elektrische Veränderung bestimmter Stoffe durch Licht: Wo der Schwefel durch die Schrift der Vorlage abgedunkelt ist, behält er seine statische Aufladung, das Farbpulver bleibt dort haften. Carlsons Erfindung legt zehn Jahre später den Grundstein der Firma Xerox. Der Physiker macht ein Vermögen und wird in eine Reihe mit Buchdrucker Gutenberg gestellt. Doch Carlson vergisst nie seine eigene Jugend in bitterer Armut – er stiftet fast seine gesamten Einnahmen für wohltätige Zwecke.

# 27. Oktober 1962

# Mutiger Offizier verhindert den Atomkrieg

Wassili Archipov rettet die Welt: Der russische U-Boot-Offizier weigert sich, einen nuklear bestückten Torpedo abzufeuern, als das Boot B-59 von amerikanischen Zerstörern zum Auftauchen gezwungen wird. Archipov, so glaubt man heute, hat tatsächlich den Atomkrieg verhindert, denn an diesem Tag pokern drei Männer in der Kubakrise um das Ende der Welt: John F. Kennedy, Nikita Chruschtschow und Fidel Castro. Letzerer hat die Invasion in der Schweinebucht ein Jahr zuvor nicht vergessen – Exilkubaner und die CIA wollten Castro stürzen und scheiterten. Im Oktober 1962 fotografieren amerikanische Aufklärungsflugzeuge die Konsequenz, die Castro gezogen hat: Offenbar werden Mittelstreckenraketen installiert, die auch die USA erreichen können. Die Sowjetunion dementiert, die Kennedy-Regierung beschließt eine Seeblockade. US-Kriegsschiffe sollen jeden Frachter aufbringen, der mit verdächtiger Ladung Kuba anläuft. Offizier Archipov ahnt nicht, dass seine Besonnenheit den Kurs der Diplomatie vorwegnimmt: Einen Tag später beenden USA und UdSSR die Konfrontation.

# 2. September 1967

# Die kleinste Nation der Welt

Ein Fürstentum entsteht. Herzog Roy von Seeland proklamiert seinen Staat und nimmt die Amtsgeschäfte auf. Sieben nautische Meilen vor der britischen Südostküste ist durch eine internationale Gesetzeslücke eine Mikronation entstanden, die bis heute Völkerrechtler beschäftigt. Das Staatsgebiet des Fürstentums Seeland, englisch »Sealand«, ist eine ehemalige Flugabwehr-Plattform der britischen Streitkräfte. Zwei hohle Betonsäulen, verbunden über einen Hubschrauberlandeplatz nebst einfachen Räumlichkeiten. Ex-Major und Ex-Piratensenderbetreiber Paddy Roy Bates hatte erfahren, dass die britische Armee den Stützpunkt aufgeben würde. Er besetzt die Konstruktion kurzerhand. Völlig überrumpelt lässt Großbritannien den selbsternannten Fürsten festnehmen und klagt ihn an. Doch das Gericht bestätigt: Die Plattform liegt in internationalen Gewässern, also außerhalb des britischen Hoheitsgebietes. Dennoch erkennen andere Staaten Seeland nicht an, weil es zu klein ist – alle Staatsbürger des Fürstentums passen in einen Kleinbus.

# 20. August 1977

# Botschafter der Menschheit im unendlichen All

Der Beginn einer Reise, die bis heute andauert und womöglich niemals enden wird. An der Spitze einer Titan-Rakete erheben sich 722 Kilogramm Hochtechnologie von der Erde – und sind heute einer der beiden äußersten Vorposten der Menschheit im All. Voyager 2 heißt die Sonde, die an jenem Samstag aufbricht, um erstmals die äußeren Planeten unseres Sonnensystems zu besuchen. Uranus und Neptun fotografiert die Sonde 1986 und 1989, seither fliegt der Automat ins Nichts. Die Schwestersonde Voyager 1 startet einige Tage später auf einen anderen Kurs, knapp 90 Grad versetzt. Beide Flugkörper sind inzwischen etwa 15 Milliarden Kilometer von der Erde entfernt. An Bord der Voyager-Sonden findet sich je eine vergoldete Kupferschallplatte. Darauf finden Außerirdische gegebenenfalls Grußworte in 55 Sprachen, 90 Minuten Musik und 116 Bilder. Wenn die Voyager-Sonden nicht von einem fremden Raumschiff aufgegriffen werden, sind sie nur noch Zeugnisse einer fernen Vergangenheit: Erst in 40.000 Jahren wird sich Voyager 1 einem anderen Planetensystem nähern.

# 21. August 1909

## Der geheimnisvolle Erfinder

Die pommersche Stadt Kolberg im heutigen Polen erlebt die Geburt eines geheimnisvollen Menschen. Mit 41 Jahren kommt dieser Karl Hans Janke in die psychiatrische Landesanstalt Hubertusburg in Sachsen. Diagnose: Wahnhaftes Erfinden als Zeichen einer Schizophrenie nach dem Tod der Eltern. Für den Rest seines Lebens wird Janke nun als Patient gesehen, die Diagnose nie ernsthaft überprüft. Nur vier Ärzte sind für fast tausend Patienten zuständig. Kaum Zeit für den unauffälligen Mann, dessen angebliche Krankheit nur darin besteht, mit unheimlicher Präzision futuristische Konzepte zu entwerfen. Über 2.000 Zeichnungen und Modelle fertigt Janke an. Ihre Umsetzbarkeit ist unklar. Nach Jankes Tod stößt man jedoch auf konkrete Erfindungen, die ihrer Zeit Jahrzehnte voraus waren. Unter anderem hatte Karl Hans Janke schon 1936 ein Navigationssystem patentieren lassen, in den 1950er Jahren nimmt er den Videoprojektor vorweg. Wer dieser Mann wirklich war, wird vielleicht die Zukunft zeigen.

# 22. August 1812

## Sagenumwobene Stadt in den Felsen

Der Schweizer mit dem Turban ist am Ziel. In einer tiefen trockenen Schlucht des heutigen Jordanien gewahrt er Grabmale, in den Fels gehauen von der längst vergangenen Kultur der Nabatäer. Als erster Europäer seit vielen Jahrhunderten sieht Jean Louis Burckhardt die sagenumwobene Stadt Petra mit eigenen Augen und kann Zeugnis von ihrer Existenz ablegen. Riesige Tempelportale und ein ganzes Amphitheater wurden in der Antike von den Bewohnern in den Fels getrieben. Die Wände der Schlucht erheben sich bis zu 200 Meter hoch neben dem Besucher. Burckhardt reist in Lebensgefahr: Seine arabischen Begleiter wissen nicht, dass sie einen der verhassten Europäer unter sich haben. Der Schweizer hat vor seiner Nahost-Expedition die arabische Sprache studiert, ist sogar zum Islam konvertiert. Um nicht für einen Schatzsucher gehalten zu werden, braucht er dennoch eine List: Er gibt vor, in einem Tempel der Felsenstadt eine Ziege opfern zu wollen. Die Täuschung gelingt. Die Felsenstadt Petra tritt aus dem Reich der Legenden in die Realität der Neuzeit.

# 16. Juli 1661

# Papiergeld löst die erste Bankenkrise aus

Der Bankier Johan Palmstruch überreicht einem Kunden ein Papier. Wer es in seinem Besitz hat, kann es bei der Stockholms Banco wieder abgeben und erhält dafür harte Taler. Es sind die ersten Banknoten Europas, die der Bankier Palmstruch hier ausgibt. In China wird Papiergeld schon tausend Jahre früher benutzt. Um dieses Zahlungsmittel zu verwenden, ist Vertrauen nötig – schließlich handelt es sich eigentlich nur um einen Zettel, es klimpert weder Gold noch Silber im Beutel. Der Bankier behauptet nur, er habe genügend harte Münzen im Keller, um notfalls alle Zettel in Edelmetall umtauschen zu können. In Stockholm wird genau das zum Problem: Johan Palmstruch gibt mehr Zettel aus, als er umtauschen kann, das Papiergeld ist durch zu wenig Sicherheiten gedeckt. Es kommt zur ersten Bankenkrise, Palmstruch wandert ins Gefängnis. Edelmetall scheint vielen Menschen noch Jahrhunderte lang verlässlicher. Doch auch sein Wert ist letztlich nur willkürlich festgelegt, eine Vereinbarung zwischen Teilnehmern eines Marktes.

# 12. Juni 1897

## Ein Sackmesser für alles

Die Schweiz steigt groß in den Rüstungsexport ein: Nun ist es als Warenzeichen geschützt, das Sackmesser, fortan weltweit bekannt als Schweizer Offiziersmesser. Der Sack ist in der Schweiz die Hosentasche, und dort hinein passt des Soldaten wichtigstes Hilfsmittel. Sieben Jahre zuvor hatte die Schweizer Armee das Klappmesser ihrer Ausrüstung hinzugefügt. Es enthält zu Beginn Messerklinge, Dosenöffner, Schraubenzieher und ein Stichwerkzeug. Am wichtigsten ist der Schraubenzieher: Die eidgenössischen Soldaten haben ein neues Gewehr erhalten, das sich mit Hilfe des Universalmessers zerlegen lässt. Gleichzeitig dient es zum Öffnen von Konservendosen aus dem Proviantpaket. Schnell zeigt sich, dass dieses Armeemesser auch im zivilen Leben nützlich ist. Heute wird das Originalmesser immer noch ausschließlich in der Schweiz produziert, mit unzähligen Werkzeugvarianten. Das Schweizer Messer ist Standardausrüstung der NASA-Astronauten und sogar Star einer Fernsehserie: Schweizer Messer und Klebeband sind die Überlebensausrüstung von Geheimagent McGyver.

# Wegbereiter der sexuellen Revolution

Es ist ein guter Tag für den Sex. Zwar ist man nicht nur im US-Bundesstaat New Jersey in jener Zeit maximal prüde und nicht aufgeklärt. Doch die Geburt eines gewissen Alfred Kinsey wird diesen Zustand beenden – wenn auch erst 50 Jahre später. Alfred Kinsey ist Sohn streng religiöser Methodisten. Gegen den Willen des Vaters wird Kinsey Biologe. In den 1930er Jahren entdeckt der Forscher, dass es über menschliche Sexualität keine wissenschaftlichen Arbeiten gibt. Kinsey will dies ändern. Er und seine Kollegen interviewen über 20.000 Amerikaner, und Anfang der 1950er Jahre werden die sogenannten Kinsey-Reports veröffentlicht – die ersten Standardwerke der Sexualforschung. Alfred Kinsey wird damit Wegbereiter der sexuellen Revolution. Dies bringt Kritiker gegen ihn auf, auch heute noch, lange nach seinem Tod. Es gibt Vorwürfe, der vierfache Vater habe Kindesmissbrauch gebilligt oder selbst praktiziert. Beweise dafür wurden nicht gefunden. Kinseys wissenschaftliche Ergebnisse hingegen wurden überprüft und bestätigt.

# 6. Mai 1719

## Gestrandet auf der einsamen Insel

Ein 59-jähriger Kaufmann veröffentlicht den ersten britischen Roman. Er trägt den Titel: »Das Leben und die seltsamen überraschenden Abenteuer des Robinson Crusoe«. Daniel Defoe heißt der Autor, der in seinem Abenteuerbuch beschreibt, wie ein Engländer auf einer unbewohnten Insel strandet und erst nach 28 Jahren die Heimat wiedersieht. Von dem Werk werden schon im ersten Jahr vier Auflagen gedruckt, der Verleger wird steinreich. Autor Defoe erhält nur eine kleine Summe für sein Werk und stirbt verschuldet. Der Mann, der das literarische Genre des Romans in England etabliert, hatte ein bewegtes Leben: Defoe war Händler in Italien gewesen, hatte ein Vermögen gemacht und wieder verloren, baute in England neue Geschäfte auf und betätigte sich nebenbei noch als Spion und politischer Journalist. Über 500 Schriftstücke hinterlässt Daniel Defoe, der auch als Vorreiter des Wirtschaftsjournalismus gilt. »Robinson Crusoe« aber wird unzählige Male inszeniert, verfilmt, vertont und kopiert und macht seinen Autor unsterblich.

# 14. Mai 1796

# Die nützlichen Pocken der Kuh

Der Onkel Doktor trägt winzige Mengen Sekret auf die Arme des achtjährigen James Phipps auf. Die Flüssigkeit hat der Arzt zuvor aus Pusteln in der Hand einer Melkerin entnommen. Der kleine James bekommt in der Folge etwas Fieber, dann erholt er sich schnell wieder. Phase eins dieses Versuchs von Dr. Edward Jenner in England ist erfolgreich. Jenner will beweisen, dass eine Infektion mit den relativ harmlosen Kuhpocken vor einer Ansteckung mit den echten Pocken schützt. So lautet eine Bauernweisheit, denn Melkerinnen sind anscheinend immun gegen die Menschenpocken, eine sehr schwere und oft tödliche Viruserkrankung. Um die Wahrheit zweifelsfrei herauszufinden, muss Jenner Phase zwei wagen: James wird mit Material von Pockenkranken in Berührung gebracht. Das Kind bleibt gesund. Der Arzt hat mehrere Versuche dieser Art ausgeführt. Aus heutiger Sicht fast unverantwortlich, aber Jenners Arbeit zeigt, dass Impfungen funktionieren. Sie werden zur Pflicht, und die Pocken gelten heute als ausgerottet.

# 8. April 1820

# Die Aphrodite von Milos

Ein Bauer sucht auf der kleinen Insel Milos südöstlich von Griechenland nach Baumaterial. Dabei stößt er auf die Liebe: Zusammen mit einem zufällig vorbeikommenden französischen Matrosen gräbt Georgios Kentrotas eine wunderbare Statue der Göttin Aphrodite aus. Aphrodite verkörpert Schönheit und Liebe, und die Statue wird diesem Ideal durchaus gerecht. Berühmt wird sie aber wohl nur deshalb, weil sie schließlich in die Kunstschätze des Museums Louvre in Paris eingereiht wird. Aus nicht mehr nachvollziehbaren Gründen wird der Torso aus Marmor nicht als griechische Aphrodite, sondern als ihre römische Variante bekannt – die Göttin Venus. Da die Insel ihres Ursprungs in Frankreich Milo ausgesprochen wird, kennen wir die Statue heute als Venus von Milo. Wie praktisch alle Kunstwerke der Antike war die Aphrodite von Milos ursprünglich nicht marmorweiß, sondern bunt: Die Alten Griechen hatten ihre Statuen und Bauten farbenfroh angemalt, aber im Lauf der Jahrtausende bröckelten die Pigmente ab.

# 18. April 1506

## Der Dom, der jeden Rahmen sprengt

Mehrere zehntausend Menschen werden einst Platz finden in der Kirche, die aus Ruinen erwachsen soll. Der Grundstein für den Petersdom ist gelegt, eines der gewaltigsten Bauwerke der Menschheit. Auftraggeber Papst Julius II. ist in erster Linie Fürst und Machtmensch: Er zeugt nicht nur eine Tochter, sondern schreckt auch nicht davor zurück, die über 1.000 Jahre alte Basilika über dem Grab des Petrus in Rom komplett abzureißen. Der Neubau soll nicht allein zur Ehre Gottes errichtet werden; vielmehr plant Papst Julius darin auch ein pompöses Grabmal für sich selbst. Allerdings dauert der Bau des Petersdoms 120 Jahre, sodass Julius in einer anderen Kirche die letzte Ruhe findet. Die besten Baumeister und Künstler arbeiten am Dom, der jeden Rahmen sprengt. Wir finden darin 45 Altäre, der Baldachin über dem Hauptaltar wird von 30 Meter hohen Säulen getragen. Die astronomischen Kosten für das Bauwerk werden unter anderem mit Ablassverkäufen gedeckt. Dies wird zu einem der Auslöser der Reformation.

# 9. März 1839

# Auch Deutschland ließ die Kinder schuften

Kinder in Preußen sind von diesem Tag an nicht mehr rechtlos: Der König verbietet die Beschäftigung von Kindern unter neun Jahren in Fabriken und Bergwerken. Vor diesem Gesetz werden Kinder im Grundschulalter ungehindert ausgebeutet. Ein Zeitzeuge, der selbst Kinderarbeiter war, schreibt: »Ich musste jeden Tag ohne Unterbrechung 15 Stunden in der Fabrik liegen.« Das ist vermutlich wörtlich zu verstehen: Kleine Kinder werden oft an Stellen eingesetzt, an denen zu wenig Platz für einen Erwachsenen gewesen wäre. Das preußische Gesetz beendet diese Zustände – auf dem Papier. Denn viele Unternehmer umgehen die Regelung. Kinder ab neun Jahren dürfen auch weiterhin offiziell zu zehn Stunden Arbeit täglich gezwungen werden. Für die Landwirtschaft gilt das Gesetz gar nicht. Hintergrund war ohnehin nicht etwa Mitleid: Die Militärverwaltung hatte bemängelt, es gebe zu wenig Rekruten ohne körperliche und geistige Schäden. Der 9. März 1839 gilt als der Beginn des Arbeitsschutzes in Deutschland. Weltweit jedoch arbeiten heute immer noch über 190 Millionen Kinder unter 15 Jahren.

# Amerikas größtes Schnäppchen

Männer mit beeindruckenden Backenbärten unterschreiben nach harten Verhandlungen um vier Uhr morgens einen Kaufvertrag. Unterhändler sind der US-Außenminister William Seward und der in russischen Diensten stehende Diplomat Eduard von Stoeckl. Für 7,2 Millionen Dollar wechselt ein ganzes Land den Besitzer: Russland hat soeben Alaska an die USA verkauft. Nach heutigem Wert entspricht der Kaufpreis etwa 100 Millionen Dollar. Ein Schnäppchen, denn das sind rund 60 Dollar pro Quadrat*kilometer*. Russland hält das Gebiet für wertlos, und auch mancher US-Politiker fragt damals wutentbrannt, wofür das Geld ausgegeben wurde. Mit dem Goldrausch 1896 kommt die Antwort: Alaska besitzt gewaltige Bodenschätze, neben Gold auch viele andere wertvolle Metalle – und Öl. Trotz dieser Reserven ist das Leben so nah am Nordpol hart und vor allem teuer. Alaska muss fast alle Güter importieren, die Ausbeutung der Bodenschätze bedroht die Natur und frisst gewaltige Energiemengen.

# 10. Januar 1863

## Züge unter der Erde

Der Pfiff einer Dampflokomotive hallt durch London – oder besser gesagt: Etwa 20 Meter *unter* London. Einige Jahre zuvor hatte es immer mehr Verkehrsstaus in der Stadt gegeben – bestehend aus Kutschen und Dampfomnibussen, wohlgemerkt. So entsteht die Idee, die beiden Bahnhöfe Farringdon Station und Paddington Station unterirdisch zu verbinden. Was dann folgt, kennt man aus heutiger Zeit: Noch größeres Chaos durch aufgerissene Straßen und Wassereinbrüche in die Baustelle. Doch dann ist sie fertig, die erste U-Bahn der Welt. Die Passagiere fahren zunächst in fensterlosen Waggons und werden von sogenannten Kondenslokomotiven gezogen: Dampfloks, die ihre Abgase speichern. Sonst würde das Atmen schwer fallen auf den sechs Kilometern der Metropolitan Line. Sie soll schon am ersten Tag 30.000 Menschen transportiert haben. Seit ihrer Eröffnung am 10. Januar 1863 heißen Untergrundbahnen auf der ganzen Welt »Metro«.

# Gewaltmarsch zum südlichen Magneten

So etwas wie »Samstag« ist an dem Ort, über den wir nun berichten, fast bedeutungslos. Der Blick der drei Männer, die diesen Ort erreichen, schweift nur über eine endlose Leere aus Eis und Geröll. Edgeworth David , Douglas Mawson und Alistair Mackay haben über 500 Kilometer Fußmarsch hinter sich. Dreizehn Wochen durch Eis und Schnee. Die drei erreichen als erste Menschen den magnetischen Südpol. Sie sind Teil der zweiten Expedition unter Leitung des britischen Kapitäns und Abenteurers Ernest Shackleton. Für den Rückweg bleiben den Männern ganze zwei Wochen. Nur mit Glück und letzter Kraft erreichen sie das Schiff im vereinbarten Zeitraum. Ihr Ruhm lebt fort – zum Glück nicht ihr überlieferter Geruch nach vier Monaten in ein und derselben Kleidung. Was auch nicht bleibt, ist der Ort: Der *magnetische* Südpol wandert. Er befindet sich deshalb heute an einer gänzlich anderen Stelle als am 16. Januar 1909.

# 23. Januar 1790

## Die Insel der Meuterer

Brennend versinkt ein Segelschiff in der Weite des Pazifiks. 27 Menschen betrachten den Untergang der berühmten »Bounty« von einer winzigen Insel aus. Neun der 27 sind Meuterer. *Die* Meuterer. Grund für die Meuterei auf der Bounty war wohl einfach ein sehr schlechtes Arbeitsklima. Jedenfalls werden Kapitän Bligh und andere Männer mit einem Beiboot ausgesetzt. Die Meuterer segeln weiter und suchen ein Versteck. Sie finden es auf der unbewohnten Pitcairn-Insel. Bis heute ist das Eiland extrem schwer zu erreichen. Ein enges Leben beginnt für die neun Briten sowie 18 polynesische Frauen und Männer – auf 4,5 Quadratkilometern. Innerhalb von neun Jahren auf der Insel sterben acht der neun Matrosen, die meisten bringen sich gegenseitig um. Aber John Adams überlebt, mit ihm Polynesier, Frauen und inzwischen geborene Kinder. Noch heute leben etwas mehr als 40 Nachkommen der Meuterer vom 23. Januar 1790 auf Pitcairn.

# Tunnel unter dem Meer

Die letzten Steine bröckeln um 12 Uhr mittags, dann gibt es wieder eine Landverbindung zur britischen Insel. Zehntausend Jahre nach der letzten Eiszeit schlägt der Eurotunnel diese Brücke, etwa 40 Meter unter dem Meeresspiegel. Die Tunnelarbeiter Philippe Cozette und Graham Fagg begrüßen sich nach dem Durchstich überschwenglich. Für diesen Festtag wird das strikte Alkoholverbot auf der Baustelle aufgehoben. Erste Pläne für einen Tunnel unter dem Ärmelkanal werden schon Ende des 18. Jahrhunderts geschmiedet. Technische Hürden, gegenseitiges Misstrauen der Staaten England und Frankreich und Proteste der Fährbetriebe am Ärmelkanal verhindern den Tunnelbau bis 1964. Dann endlich gibt es grünes Licht für die Projektplanung, weitere 23 Jahre später fressen sich die Tunnelbohrmaschinen durch eine Kalkschicht tief unter dem Wasser. Nach sechs Jahren Bauzeit und 15 Milliarden Euro Kosten unterqueren die ersten Züge den Ärmelkanal. Beim Durchstich 1990 reichen sich Europäer einmal mehr die Hand.

# 12. Dezember 1761

# Marie und das Kabinett der Wachsfiguren

Vielleicht ist es dieser Tag, an dem die kleine Marie in Straßburg zur Welt kommt. Der erste, siebte oder der 12. Dezember werden genannt, und Marie hat später großes Interesse daran, ihre eigene Geschichte mit Legenden zu schmücken: Sie wird Londons erfolgreichste Schaustellerin – mit einem Wachsfigurenkabinett. Marie Tussaud, wie sie nach ihrer Heirat heißen wird, lernt das Kunsthandwerk des Wachsbildners vom Schweizer Arzt Philippe Curtius. Maries Mutter ist dessen Haushälterin. Das Herstellen von Wachsfiguren ist eine uralte Kunst, mit den lebensechten Abbildern schlägt man dem Tod ein Schnippchen. Viele Mächtige lassen sich so verewigen, Wachsmodelle bilden auch Ärzte aus – und dienen sogar als dreidimensionale Pornographie. Madame Tussaud kommt nach England, als sie sich von ihrem trunksüchtigen Mann trennt. Das Figurenkabinett von Doktor Curtius hat sie geerbt und baut es aus. Mit riesigem Erfolg. Die letzte Wachsfigur, die Madame Tussaud vor ihrem Tod mit 88 Jahren anfertigt, ist ihr eigenes Ebenbild.

# 13. Dezember 1642

## Neues Land von paradiesischer Schönheit

»Gegen Mittag sahen wir ein großes Land, hoch erhoben, etwa 60 Seemeilen südöstlich.« Dies notiert der Holländer Abel Tasman auf der Suche nach einem unbekannten Kontinent hinter Australien. Der 39-jährige Seemann steht in Diensten der niederländischen Ostindien-Kompanie, einem von Kaufleuten finanzierten eigenständigen Staatsgebilde, das den Gewürzhandel kontrolliert. Vom Stützpunkt Batavia aus, im heutigen Indonesien, strebt das bewaffnete Wirtschaftsunternehmen stets nach neuen Schätzen in unbekannten Gebieten. Kurz zuvor hat man Australien entdeckt, das noch »Neu-Holland« genannt wird. Weiter östlich wird ein weiterer Erdteil vermutet. Abel Tasman soll ihn finden. Doch das Land, das in Sicht kommt, ist eine riesige zweiteilige Insel mit märchenhaft schöner Landschaft: Neuseeland. Tasman erblickt die Alpengipfel der Südinsel, weiß jedoch noch nicht, zu welcher Landmasse sie gehören. Der Entdecker kehrt ohne Schätze 1643 nach Batavia zurück. Neuseeland bietet nur paradiesische Schönheit, keinen Profit.

## 23. November 1889

# Kratzige Klänge aus der Kneipenkiste

Untermalt von Kratzen und Rauschen dringen Songs wie die »Rip Van Winkle Polka« ans Ohr des interessierten Publikums – aber erst nach Einwurf einer Fünf-Cent-Münze. Louis Glass führt in San Francisco die erste Jukebox vor, die er noch »Münzschlitzphonograph« nennt. Das Gerät spielt gegen Geld Musik von einer Wachswalze ab, bis zu vier Zuhörer lauschen über Hörschläuche, die einem medizinischen Stethoskop ähneln. Ein durchschlagender Erfolg, obwohl man am Gerät noch nicht selbst den Song auswählen kann. Kurz darauf spielen bereits 15 Musikautomaten im Raum San Francisco erhebliche Summen ein, ein Jahr später schon die hundertfache Anzahl. Die Kisten stehen buchstäblich in jeder dunklen Bierschwemme, in der auch getanzt wird. Daher auch das Wort »Jukebox«, übersetzt etwa »Tanzspelunkenkiste«. Um 1900 gibt es erste Konstruktionen mit bis zu zwölf Musikstücken zur Auswahl, die mittlerweile erfundene Schallplatte erleichtert diese Mechanismen. In den 1950er Jahren wird die Jukebox mit rund 100 verfügbaren Songs zum Vorläufer der Disco.

## 25. Oktober 1919

# Die Sexpionierin

In Ostpreußen wird Beate geboren, Tochter einer Ärztin und eines Gutsbesitzers. Das sportliche Mädchen will Pilotin werden. Sie macht den Schein, dann reizt Beate der Kunstflug. Ihr Lehrer ist ein gewisser Hans-Jürgen Uhse. Die beiden heiraten 1939, und Beate Uhse wird Luftwaffenpilotin im Zubringerdienst. Nach dem Krieg, ihr Mann ist gefallen, muss die Witwe sich und ihren kleinen Sohn Klaus durchbringen. Als fliegende Schwarzmarkthändlerin in Friesland trifft sie an der Haustür viele andere junge Frauen, die in der bitterarmen Nachkriegszeit vor allem eines nicht wollen: schwanger werden. Als Tochter einer Medizinerin und FKK-Anhängerin pflegt Beate Uhse ein unverkrampftes Verhältnis zu Körper und Sexualität. Sie stellt eine Verhütungsbroschüre zusammen und bietet sie für zwei Reichsmark an. 30.000 Stück werden in kürzester Zeit verkauft. Der Rest ist Geschichte: Beate Uhse eröffnet 1962 den weltweit ersten Sexshop. Heute macht die Firma der 2001 verstorbenen Unternehmerin dreistellige Millionenumsätze.

# 28. Oktober 1972

# Der Luftbus hebt ab

Der Hoffnungsträger startet vom Flughafen Toulouse in Südfrankreich. Testpilot Max Fischl steuert den Airbus A300, der das Beinahe-Monopol der US-Firma Boeing brechen soll. Die Gäste des europäischen Festakts zum Jungfernflug werden nicht enttäuscht. Der Passagierjet landet nach seinem Probeflug sicher, trotz heftiger Seitenwinde an der Grenze der Belastbarkeit. Ende der 1960er Jahre beschließen europäische Flugzeughersteller mit Unterstützung der Politik, gemeinsam eine konkurrenzfähige Passagiermaschine für den Weltmarkt zu entwickeln. Frankreich und Deutschland sind federführend, Großbritannien und Spanien steigen ein. Komplizierte Logistik kombiniert Teile aus über 20 europäischen Fabriken. Der Plan geht auf: Viele Jahre verkaufen sich die Airbus-Jets blendend. Nach der Jahrtausendwende erzwingen Weltwirtschaft und interne Probleme Sparmaßnahmen. Große Hoffnungen ruhen auf dem doppelstöckigen A380. Mit ihm stellt Airbus über 30 Jahre nach dem A300 von 1972 erneut einen Meilenstein der Luftfahrt vor.

# 4. September 1802

## Schlüssel zur uralten Keilschrift

Der Gymnasiallehrer Georg Friedrich Grotefend gewinnt eine Wette. Er legt der Göttinger Gesellschaft der Wissenschaften einen lateinischen Aufsatz vor. Der Titel lautet: »Ein Weg, die keilförmigen Zeichen der Perser zu interpretieren«. Grotefend hat innerhalb weniger Wochen die ersten zehn Buchstaben der orientalischen Keilschrift entschlüsselt. Mit einem Freund habe er gewettet, dies sei möglich, ohne den Inhalt eines Textes aus anderen Quellen zu kennen. Grotefend gelingt das Kunststück durch einen Vergleich persischer Königsnamen, welche die Alten Griechen überliefert haben. Seine Arbeit, die zunächst wenig Beachtung findet, ist der erste Schritt zur kompletten Entschlüsselung des Keilschriftalphabets. Perser, Babylonier und Sumerer haben sich in verschiedenen Varianten dieser Buchstaben bedient. Mit Holzgriffeln wurden die Zeichen in Abertausende Tontäfelchen gedrückt. Nach 1802 dauert es noch etliche Jahrzehnte, bis Forscher diese Zeugnisse der ersten Hochkulturen vollständig lesen können.

# 6. August 1791

## Der gefühlte Mittelpunkt Berlins

In Berlin wird ein neues Stadttor geöffnet. Es verbindet den Pariser Platz mit der Allee »Unter den Linden«. Das Brandenburger Tor ist zu diesem Zeitpunkt überdimensioniert und überragt seine Umgebung deutlich – Architekt Carl Gotthard Langhans plant großzügig für die Zukunft und orientiert sich ästhetisch an der griechischen Antike. Einen Festakt gibt es zur Eröffnung nicht. Das neue Tor ist damals einfach eine städtebauliche Maßnahme. Seine Bedeutung steigt jedoch, als die Soldaten Napoleons Ende Oktober 1806 in Berlin einmarschieren. Nach Preußens Niederlage lässt der französische Feldherr das krönende Standbild auf dem Tor, die Quadriga, als Beutekunst nach Paris abtransportieren. Acht Jahre später ist Napoleon gestürzt, die Quadriga kehrt zurück – und wird unter dem Jubel der Berliner feierlich wieder auf das Tor gesetzt. Im Lauf der Jahre wächst Berlin an die Proportionen des Brandenburger Tores heran. Es ist nun Wahrzeichen in guten und schlechten Tagen und der gefühlte Mittelpunkt der Stadt.

## 11. Juni 1910

# Ein Forscher taucht ab

In der Nähe von Bordeaux kommt Jacques-Yves als Sohn eines Rechtsanwalts zur Welt. Er will Pilot werden, doch ein schwerer Autounfall macht den Plan zunichte. Jacques-Yves Cousteau verliert beinahe einen Arm. Da der junge Mann auch das Meer liebt, geht er nach der Genesung zur Marine. 1937 heiratet er Simone, Tochter eines Admirals, der gleichzeitig leitender Mitarbeiter einer Firma für technische Gase ist. Eine Personenkonstellation, aus der eine großartige Erfindung hervorgeht: Das Tauchen mit Pressluftflaschen. Gemeinsam mit einem Ingenieur entwickelt Jacques-Yves Cousteau diese Technik, heute Inbegriff des Tauchsports. Sie macht die schweren Anzüge mit Kugelhelm in vielen Fällen überflüssig und gibt dem Menschen unter Wasser eine nie gekannte Bewegungsfreiheit. Cousteau macht davon ausgiebig Gebrauch und bannt seine Erlebnisse auf Film. Damit ist er auch ein Pionier der Unterwasserfotografie. Wissenschaft und Publikum folgen Cousteau begeistert in die Welt der Meeresbewohner. Für deren Schutz setzt sich der Kapitän des berühmten Forschungsschiffs »Calypso« zeitlebens ein.

## 17. Juni 1972

# Einbruch im Watergate-Komplex

Der 24-jährige Wachmann Frank Wills dreht um kurz vor zwei Uhr nachts seine Runde in einem Bürogebäude. Es steht in der US-Hauptstadt Washington und ist bekannt als »Watergate-Komplex«. An der Tür zur Tiefgarage entdeckt Frank Wills Klebeband, das ein Zufallen der Tür verhindert. Er zieht es verwundert ab. Als er wenig später zurückkommt, ist ein neues Stück Klebeband an der Tür. Wills ruft die Polizei. Drei Beamte in Zivil stürmen kurz darauf ein kleines Büro, das zur Parteizentrale der Demokraten gehört. In die Mündungen ihrer Waffen blicken fünf überraschte Männer, die ein wenig verdächtig erscheinen: Sie tragen Latexhandschuhe und haben pfundweise Überwachungstechnik bei sich. Die Deckenverkleidung im Büro ist geöffnet, außerdem einige Schubladen. Die fünf Einbrecher gehören zum Geheimdienstmilieu, und ihre nächtliche Aktion im Parteibüro der Demokraten ist Teil einer höchst brisanten politischen Verschwörung der Republikaner. Zwei Zeitungsreporter verfolgen die Spur zurück bis ins Weiße Haus. Die Watergate-Affäre kostet US-Präsident Richard Nixon sein Amt.

# Die Geburt der lustigen Lügen

Der kleine Hieronimus Carolus Fridericus kriecht aus eigener Kraft aus dem Leibe seiner Mutter, der Gutsherrin zu Bodenwerder in Niedersachsen. Na gut, das ist teilweise gelogen, aber vielleicht hat Hieronimus Baron von Münchhausen es einst selbst so erzählt. Nur ein Teil der weltbekannten Lügengeschichten stammt wirklich von ihm, doch der Nachfahre eines alten Adelsgeschlechts an der Weser ist ein begnadeter Erzähler. In jungen Jahren schlägt er eine Offizierslaufbahn ein und dient unter anderem dem russischen Zarenhof, der damals in enger Verbindung zu den Fürsten Niedersachsens steht. Als Hieronimus nach Bodenwerder zurückkehrt und ein ruhiges Leben als Gutsherr führt, unterhält er seine Gäste gern mit hemmungslos ausgeschmückten Anekdoten aus seiner Militärzeit. Ein unbekannter Zuhörer bringt die Geschichten noch zu Lebzeiten des Barons als Buch heraus, worüber Münchhausen sehr erzürnt gewesen sein soll. Die Fassung, die wir heute meist zur Hand nehmen, ist eine fantasievoll erweiterte Geschichtensammlung aus der Feder des Dichters Gottfried August Bürger.

**19. Mai 1883**

# Buffalo Bill's Wilder Westen

In Omaha, dem Tor zum Wilden Westen, begegnen Zuschauer leibhaftig den Helden ihrer Groschenromane: Die Show »Buffalo Bill's Wild West« lässt nochmals eine Epoche lebendig werden, die in der aufstrebenden Industrialisierung langsam verblasst. Buffalo Bill und seine Schar aus Indianern, Cowboys und Tieren prägen bis heute die Vorstellung von der Besiedlung der Prärie. Die Truppe ist authentisch: Buffalo Bill selbst, mit bürgerlichem Namen William Cody, war viele Jahre Spurensucher und Büffeljäger in den Great Plains. Der weiße Mann dringt immer weiter in diese weiten Ebenen in der Mitte Amerikas vor, rottet fast alle Büffel aus, einfach zum Jagdvergnügen oder zur Ernährung der Eisenbahnarbeiter. Bill Cody schießt selbst tausende Büffel und kämpft gegen die indianischen Ureinwohner. Doch er lernt, die ersten Amerikaner zu respektieren und tritt einträchtig mit ihnen vor sein Publikum. Der Westen ist 1883 nicht mehr so wild. Viele Indianer ziehen ein regelmäßiges Monatsgehalt in der Show dem Elend der Reservate vor und reisen mit Buffalo Bill um die Welt, auch nach Deutschland.

## 25. Mai 1935

# Vier Weltrekorde in einer Stunde

Das Sportstadion der Universität von Michigan in der Stadt Ann Arbor lädt zur Leichtathletik-Meisterschaft. Ausrichter sind zehn Sporthochschulen rund um die großen Seen im Norden der USA. Um 15:15 Uhr fällt der Startschuss zum 100-Meter-Lauf, gemessen in englischen yards. Einer der Starter ist der 21-jährige James Cleveland Owens, genannt »Jesse«. Er hat einen schwachen Start, so wird berichtet, aber nach etwa 30 Metern geht er in Führung. Gestoppte Zeit über 100 yards: 9,3 oder 9,4 Sekunden, je nach Uhr der Kampfrichter. Weltrekord. Elf Minuten später Weitsprung. Jesse Owens 8,13 Meter. Weltrekord. Neun Minuten später der 200-Meter-Lauf. Jesse Owens 20,3 Sekunden. Weltrekord. Um 16 Uhr 200-Meter-Hürdenlauf. Jesse Owens 22,6 Sekunden. Weltrekord. Der Sportstudent sorgt für die denkwürdigste Dreiviertelstunde der Leichtathletik. Ein Jahr später holt der Farbige Owens in Berlin vier Mal olympisches Gold. Hitler schäumt, die Welt jubelt mit dem legendären Athleten. Der Weitsprungrekord, den Jesse Owens 1935 in Michigan aufstellt, wird erst 25 Jahre später übertroffen.

## 23. März 1839

# Woher kommt »okay«?

In der größten Zeitung Neuenglands, der Boston Morning Post, findet sich in einer Glosse eine merkwürdige Abkürzung: O Punkt K Punkt, gesprochen »okay«. »All correct« solle das bedeuten, heißt es in dem Zeitungsartikel. »O.K.« wäre demnach eine Verballhornung, eine bewusst falsche Abkürzung aus purer Lust am Spiel mit der Sprache. Der Artikel in der Boston Morning Post wird als einer der ersten Nachweise für das merkwürdige Wörtchen »okay« angesehen. Doch die Sprachforscher sind uneins – warum heute fast die ganze Welt »okay« sagt, wenn sie »in Ordnung« meint, weiß niemand mit letzter Sicherheit. Es gibt starke Indizien dafür, dass »okay« aus der Sprache der Choctaw-Indianer übernommen wurde, in der es O-K-E-H ausgesprochen wird, »okeh« statt »oukäy«. Bei den Choctaw hatte das Wort jedenfalls exakt dieselbe Bedeutung, in der wir es heute verwenden. Doch es gibt noch eine ganze Reihe anderer Theorien. Das äußerst praktische Wort lässt sich ungewöhnlich schwer zurückverfolgen. Davon abgesehen ist seine Verwendung aber völlig okay.

## 25. Juni 1977

# Der Mann, der 7 Mal vom Blitz getroffen wurde

An einem Teich im Shenandoa-Nationalpark im US-Bundesstaat Virginia steht der Parkranger Roy Sullivan und angelt. Ein Blitz fährt nieder, läuft durch Sullivans Körper und versengt ihm die Haare. Ansonsten bleibt der Ranger unverletzt. Zum Glück nicht ungewöhnlich, etwa neun von zehn Blitzopfern überleben den Einschlag. Doch Roy Sullivan wird an jenem Samstag zum siebten Mal vom Blitz getroffen, vielleicht sogar zum achten Mal, es gibt unterschiedliche Berichte. Was völlig unglaublich klingt, ist durch die Nationalparkverwaltung verbürgt. Nach dem vierten Blitztreffer verstaut Sullivan in seinem Dienstwagen einen Wasserkanister, für den Fall, dass wieder einmal seine Haare brennen. Und er braucht ihn, mehrfach. Statistisch gesehen ist Sullivans Leidensgeschichte eigentlich unmöglich, erklärbar nur durch die Arbeit im Freien auf den Höhenzügen des Appalachen-Gebirges. Sein Schicksal ist allerdings nur für andere lustig. Blitzopfer leiden später häufig an unterschiedlichen körperlichen und geistigen Ausfällen und Panikattacken. 1983 nimmt sich der 71-jährige Roy Sullivan mit einer Flinte das Leben.

# 16. November 1974

## Ein Brief an Außerirdische

Genau 1.679 Nullen und Einsen strahlt eine gigantische Antenne in Puerto Rico aus, die sogenannte »Arecibo-Botschaft«. Es ist ein digitaler Brief an Außerirdische, benannt nach dem Radioteleskop, von welchem aus die Nachricht ihren Weg ins All nimmt. Die Antenne ist auf einen Kugelsternhaufen gerichtet, über 22.000 Lichtjahre entfernt. Dieses Ziel ist relativ willkürlich, die Nachricht an die Aliens hat an jenem Tag vor allem symbolischen Charakter. Die beiden Astronomen Frank Drake und Carl Sagan bewerben damit das Radioteleskop und ein Projekt, das heute unter dem Namen »SETI« bekannt ist: Search for extraterrestrial intelligence, Suche nach außerirdischer Intelligenz. Drake und der mittlerweile verstorbene Sagan sind überzeugt davon, dass die Menschheit im All nicht alleine ist. So codieren sie in der Arecibo-Botschaft die Grundlagen des irdischen Lebens und Informationen über das Sonnensystem. Nicht jeder ist froh darüber: Kritiker geben zu bedenken, außerirdische Lauscher müssten nicht unbedingt friedlich gesinnt sein. Eine Antwort hat die Erde so oder so bislang nicht erhalten.

Sonntagssgeschichten

**»Am ehrwürdigen Tag der Sonne** lasst die Beamten und Stadtbewohner ruhen, lasst alle Werkstätten geschlossen.« Kaiser Konstantin erlässt dies Gesetz im Übergang zum Christentum. Das spätrömische Reich huldigt seit geraumer Zeit vor allem einem Gott: Der Sonne. Die Herrscher setzen sich mit dem Zentralgestirn gleich, das in vielen Sprachen männlich ist. »Sol invictus« heißt der unbesiegbare Sonnengott auf Latein. Unter Konstantins Herrschaft übernimmt dessen Rolle der christliche Gott, nachdem der Kaiser sich dieser noch jungen Religion anschließt. Der Sonntag ist ursprünglich der achte Tag **nach** der Schöpfung und als solcher gleichbedeutend mit dem ersten: Er symbolisiert die Auferstehung Christi und wird zum »Tag des Herrn«, der in den romanischen Sprachen fortlebt. Aus dem »dies dominica« wird etwa der französische »dimanche«.

Zählt man vom Sonntag aus, ist der Mittwoch tatsächlich die Mitte zwischen zwei Mal drei Tagen. Ein Ruhetag im Sinne Konstantins ist der Sonntag über die Jahrhunderte mal mehr, mal weniger. Erst allmählich geht in unserem Kulturkreis diese Funktion vom biblischen Sabbat dauerhaft auf den Sonntag über.

# 2. Dezember 1923

## Stolzer Schwan mit schwarzer Kindheit

In New York wird griechischen Einwanderern eine Tochter geboren: Anna Maria. Die Mutter hatte sich jedoch einen Sohn gewünscht, Anna Maria wird von ihr nie voll akzeptiert werden und lange im Schatten ihrer älteren Schwester stehen. Der Nachname der Familie ist lang und kompliziert: Kalogeropoulou. Um seine Geschäfte in den USA zu erleichtern, verkürzt der Vater den Namen auf Callas. Schon im Kindergartenalter fällt die schöne Stimme der kleinen Maria Callas auf. Mutter Evangelia drängt die Tochter gegen deren Willen, dieses Talent immer und überall zu nutzen und zu trainieren, vor allem zum Geldverdienen. Die Callas wird später sagen, ihre Familie habe ihr die Kindheit geraubt. Als die Ehe der Eltern zerbricht, kehren Mutter und Töchter nach Athen zurück. Die stark kurzsichtige und dicke Maria wird weiter zum Gesangsunterricht geschickt. Das Talent der Mezzosopranistin ist bald unüberhörbar. Maria Callas wandelt sich innerhalb weniger Jahre zum stolzen und gefeierten Schwan. Sie gilt bis heute als beste Opernsängerin des 20. Jahrhunderts – und auch als eine der schönsten.

# 3. Dezember 1967

# Das zweite Herz schlägt nur kurz

Kurz nach sechs Uhr morgens wird der Gemüsehändler Louis Washkansky langsam wach. In seiner Brust schlägt ein neues Herz. Es ist das Herz von Denise Darvall, einer jungen Frau, die am Nachmittag zuvor bei einem Verkehrsunfall gestorben ist. Im Groote-Schuur-Krankenhaus von Kapstadt hat in der Nacht das Ärzteteam von Christiaan Barnard erstmals ein Herz verpflanzt. Als die Körpertemperatur des 55-jährigen Diabetikers Washkansky auf dem OP-Tisch langsam angehoben wird, beginnt das Herz von selbst zu schlagen. Ein kleiner Stromstoß genügt, dann arbeitet das Spenderorgan regelmäßig und kräftig. So ist es auch nicht das Herz von Denise Darvall, das Louis Washkansky 18 Tage später trotzdem den Tod bringt. Der Patient stirbt an einer Lungenentzündung, weil die Ärzte sein Immunsystem völlig lahmgelegt haben, um ein Abstoßen des neuen Organs zu verhindern. Erst 1978 macht ein neues Medikament gegen die Abstoßungsreaktion diese schwere Operation erfolgversprechender. Seither wurden über 80.000 Herztransplantationen ausgeführt.

# Der Staat ist ein Spielcasino

Eine kleine Villa an der Küste soll den Geldbeutel der Grimaldis wieder füllen. Die Revolutionswirren Frankreichs haben dem Fürstentum Monaco nur sechs Prozent des einstigen Territoriums gelassen: drei kleine Dörfer an einem Felshang. Landwirtschaft kommt als Einnahmequelle nicht mehr in Frage. Bleibt der Tourismus – Badeanlagen und ein Spielcasino sollen betuchte Reisende nach Monaco locken. Doch als das erste Casino öffnet, hat man wenig zu bieten – wer nicht per Schiff anreist, gelangt nur auf einem Mauleselpfad in den Ort. Es gibt genau ein Hotel und wenig Zerstreuung. So ist das erste Casino Monacos bald Pleite, ein einzelner Gast im Herbst 1857 trauriger Tiefpunkt. Rettung kommt mit erfahrenen französischen Spielbankbetreibern: Louis und Francois Blanc haben schon Bad Homburg bei Frankfurt in einen mondänen Kurort verwandelt. Investoren werden zusammengetrommelt, der Ortsteil Monte Carlo entsteht rund um ein prächtiges neues Casino. Von jetzt an beschert das Spielcasino dem Fürstentum für viele Jahrzehnte die Grundlage des Staatshaushalts.

# 21. Dezember 1913

## Das Kreuz mit den Worten

Die Lösung von 33 bis 34 senkrecht lautet »Narde«. Die Narde ist ein Gewächs aus der Gattung Baldrian und wird im Neuen Testament erwähnt. So müssen die Leser der Zeitung »New York World« entweder bibelfest oder Apotheker sein, um das erste Kreuzworträtsel der Welt vollständig zu lösen. Die Geschichte dieses Zeitvertreibs beginnt also schon sehr anspruchsvoll – dem Umfeld angemessen, denn die »New York World« ist eine der einflussreichsten Zeitungen ihrer Zeit. Der Mitarbeiter Arthur Wynne ist für die Rätselseite zuständig und bastelt für jene Ausgabe den Denksport mit den gekreuzten Wörtern. Sein rautenförmiges Kreuzworträtsel ist eine Weiterentwicklung der Magischen Quadrate aus Zahlen oder Worten, die seit Jahrhunderten bekannt sind. Wynnes Erfindung ist noch mit der Überschrift »Wort-Kreuz-Rätsel« versehen, erst einige Ausgaben später wird daraus durch einen Fehler des Setzers das »Kreuz-Wort-Rätsel«. So oder so wird es sehr schnell beliebt und breitet sich aus. Sogleich monieren Kritiker, dieser Denksport sei vollkommen nutzlos und werde bald verschwinden. Sie irren sich.

# 6. November 1814

## Weicher als Blech, kraftvoller als Holz

In der belgischen Kleinstadt Dinant wird ein Junge geboren, dessen Nachnamen heute jedes Kind kennt: Sax, wie in »Saxophon«. Antoine Joseph, später genannt Adolphe, ist der Sohn eines Instrumentenbauers, und er wird die Musik um eine Klangfarbe bereichern, die es vorher schlicht nicht gab. In der Werkstatt des Vaters befasst sich Adolphe zunächst mit Klarinetten, außerdem studiert er in Brüssel am Konservatorium Musik. Dort wächst der Wunsch, einen Klang zu finden, der nicht so hart ist wie jener der Blechbläser, aber kraftvoller als Holzblasinstrumente. Mit der Erfahrung von Vater und Sohn gelingt die Erfindung: Ein merkwürdig gebogenes Metallrohr mit einer komplizierten Anordnung von Ventilen. Der Komponist Hector Berlioz wird auf das Instrument aufmerksam, schnell wenden sich auch andere dem neuartigen Klang zu. Gewinne wirft die Erfindung jedoch kaum ab, die Einnahmen werden von ständigen Prozessen um die Patente aufgefressen. Adolphe Sax erntet immerhin den gebührenden Ruhm und ist ein gefragter Musiker seiner Zeit.

# 17. November 1963

## Von Nord nach Süd in 190 Metern Höhe

Etwa 30.000 Menschen haben sich unter strahlend blauem Himmel versammelt, um die damals höchste Brücke Europas zu eröffnen. Österreichs Bundeskanzler Alfons Gorbach durchschneidet das Band, dann rücken Italien, Österreich und Deutschland ein Stück näher zusammen. Die Europabrücke ist eines der ersten Teilstücke der Brennerautobahn – und der spektakulärste Abschnitt. In 190 Metern Höhe verläuft die Stahlbrücke über das Wipptal. Das Verkehrsaufkommen zu Beginn ist für heutige Verhältnisse unvorstellbar niedrig – fast keine LKW und relativ wenige Autos rollen über die Brücke, die meisten quälen sich immer noch über die Landstraße. Kurz nach der Eröffnung muss man sogar neugierige Fußgänger von der Fahrbahn scheuchen. Sie wissen zum Teil nicht, dass sie die Brücke eigentlich nicht betreten dürfen. Das Bauwerk auf fünf gigantischen Betonpfeilern hat 22 Arbeiter und Ingenieure das Leben gekostet. Heute dient die furchteinflößende Konstruktion auch dem Nervenkitzel: Bungee-Jumper stürzen sich in der Mitte der Europabrücke am Gummiseil in die Tiefe.

## 30. Oktober 1938

## Angriff vom Mars?

Auf dem US-Radiosender CBS läuft Tanzmusik und wird jäh unterbrochen. Eine Eilmeldung: Astronomen hätten merkwürdige Gasexplosionen auf dem Mars beobachtet. Zunächst wird zurückgeschaltet zum Tanzorchester, kurz danach aber in ein Katastrophengebiet in New Jersey: Ein Reporter berichtet, wie ein Energiestrahl mitten in der Stadt eingeschlagen habe. Minuten später erheben sich dreibeinige Roboter aus den Explosionszentren und beginnen, die Stadt zu zerstören und Menschen einzusammeln. Furcht breitet sich unter manchen Radiohörern aus, nämlich jenen, die erst mitten in der vermeintlichen Live-Übertragung eingeschaltet haben. Das Szenario ist in Wirklichkeit nur ein Hörspiel, das souverän mit Technik und Ängsten seiner Zeit umgeht. Orson Welles und seine Theatertruppe inszenieren den Sciene-Fiction-Roman »Krieg der Welten« von H.G. Wells. Polizei und Sender erhalten einige besorgte Anrufe, angebliche Panikreaktionen gehören jedoch ins Reich der Legenden. Das Hörspiel von 1938 wird zum Modellfall für die Diskussion um Macht und Wirkung der Massenmedien.

# 4. September 1949

# Die Wurst ist nicht wurscht

An einer unscheinbaren Straßenkreuzung in Berlin-Charlotten-burg entsteht Deutschlands beliebtester Beitrag zur internatio-nalen Küche. Imbissbetreiberin Herta Heuwer mischt eine Soße aus Tomatenmark sowie indischen Gewürzen und serviert sie zu einer billigen Brühwurst, der sogenannten Berliner Dampf-wurst. Die Currywurst liegt erstmals auf dem Teller. Eine Erfolgs-geschichte beginnt. Mehrere hundert Millionen Currywürste werden pro Jahr in Deutschland verzehrt, Glaubenskriege um die verschiedenen Varianten geführt. Herta Heuwer lässt ihre eigene Kreation unter dem Namen »Chillup-Soße« schützen. Das Rezept, erfunden an einem regnerischen Tag mit wenig Kundschaft, bleibt zeitlebens Herta Heuwers Geheimnis. Auch ihre Erben kennen das genaue Verhältnis der Zutaten nicht. Der Beitrag der Currywurst zur gesunden Ernährung ist bekanntlich gleich null – doch die Gedenktafel am Standort von Herta Heu-wers Imbißbude sowie das Berliner Currywurstmuseum zeigen: Die Köchin wusste, worauf die Kunden scharf sind.

# 4. August 1901

# Der Trompeter von New Orleans

Der Mann, der an diesem Tag geboren wird, ist untrennbar mit einer Stadt verbunden: New Orleans. Die Südstaaten-Metropole prägt den jungen farbigen Musiker, einige Jahre später ist es umgekehrt. In ärmlichsten Verhältnissen kommt Louis zur Welt, wächst zwischen Prostitution und Kleinkriminalität auf. Das legendäre Rotlichtviertel »Storyville« ist für viele Jahre sein Zuhause. Zwischen Erziehungsheim, Schule und zerrüttetem Elternhaus zieht es ihn, dessen Großeltern noch Sklaven waren, immer wieder in die Musikclubs. Mit elf Jahren erlernt Louis das Spielen des Kornetts, einer Variante der Trompete. Schon bald ist er ein Meister dieses Instruments und des Gesangs. Die besten Jazzorchester werden auf Louis Armstrong aufmerksam, nach einiger Zeit wird sein Name größer angekündigt als der seiner Begleitband. Armstrong wird bis zum Schluss ein unruhiges Leben führen, mit Affären und Verbindungen zur Halbwelt. So ist er eben aufgewachsen, der unerreichte Jazztrompeter, der mit seiner Kunst Maßstäbe gesetzt hat.

# 5. August 1888

# Frau Benz gibt heimlich Gas

»Früh am Morgen sind wir losgefahren, so dass wir schon Stunden weit waren, bis der Papa aufwachte.« So erinnert sich später die erste Autofahrerin der Geschichte. Bertha Benz und die Söhne Richard und Eugen sind es leid, dass niemand die geniale Erfindung ihres Ehemanns und Vaters Carl Benz kaufen will. Zwei Jahre zuvor hat er seinen Motorwagen patentiert, doch die Alltagstauglichkeit des ersten Automobils wird angezweifelt. Bertha Benz wird die Kritiker zum Verstummen bringen. Sie und die beiden Jungs fahren heimlich die 106 Kilometer von Mannheim nach Pforzheim zur Großmutter und zurück. Die Stadtapotheke in Wiesloch wird zur ersten Tankstelle der Welt, hier kaufen die drei Ausreißer eine Flasche Leichtbenzin. Bis auf eine verstopfte Benzinleitung und einen Schaden an der Zündung bleibt die Fahrt praktisch ohne Pannen. Als Reparaturwerkzeuge genügen eine Hutnadel und ein Strumpfband. Die Werbefahrt der hübschen Frau Benz und ihrer Söhne bringt dem Erfinder des Automobils den Durchbruch.

## 29. August 1751

# Ein wirklich monströses Fass

Auf dem Heidelberger Schloss gibt es einmal mehr Gelegenheit, den Wein die Kehle hinunter rinnen zu lassen. Das größte Weinfass der Welt ist fertig. Etwa 200.000 Liter fasst der gewaltige Zylinder aus Eichenholz. Der Durchmesser beträgt sieben Meter, das entspricht zwei bis drei Stockwerken. Das Weinfass ist weniger ein Lagerplatz als eine Maßnahme, die man heute als Marketing bezeichnet: Kurfürst Karl Theodor möchte wie seine Vorgänger deutlich machen, dass Heidelberg ein Platzhirsch im Weinbau ist. Das Statussymbol aus Eichenholz erfüllt diese Funktion vorzüglich, es wird als eine Art Weltwunder betrachtet und ist schon im 18. Jahrhundert ein Magnet für Touristen. So ist es bis heute: Das Heidelberger Schloss mit seinem monströsen Fass im Keller zieht jährlich hunderttausende Besucher aus aller Welt an. Ob das Fass je mit Wein gefüllt war, ist umstritten. Sicher ist nur, dass die Konstruktion nie dicht hielt. Sie war also von Beginn an ein Schaustück und musste gegebenenfalls sehr schnell leer getrunken werden.

# 17. Juli 1955

# Desaster in Disneyland

Es ist heiß, der Himmel über Anaheim in Kalifornien wolkenlos. Fröhliche Besucher strömen auf ein Gelände voller Fahrgeschäfte, Buden und Mickymäuse. Disneyland ist eröffnet, der vielleicht berühmteste Vergnügungspark der Welt. Doch an diesem Sonntag geht erst mal alles schief: 11.000 Gäste sind geladen, aber Schlaumeier haben die Einladungen gefälscht. Am Ende drängen über 28.000 Menschen in den Park, Damen bleiben mit den Absätzen im aufgeheizten Teer stecken, die Getränke sind alle, Fahrgeschäfte fallen aus. Ein Desaster. Walt Disney reagiert und verordnet seiner Fantasiewelt maximale, klinische Perfektion in jeder Hinsicht. Die Mitarbeiter sollen sich als Darsteller auf einer Freilichtbühne begreifen. Das Konzept geht auf: Heute werden allein im ursprünglichen Park in Anaheim pro Jahr über 15 Millionen Besucher gezählt. Sogar der Kalte Krieger Nikita Chruschtschow hat bei seinem ersten Staatsbesuch im Land des Klassenfeindes nur zwei Wünsche: John Wayne treffen und Disneyland besuchen. Letzteres wird aus Sicherheitsgründen abgesagt.

# 25. Juli 1897

## Erst ruft das Gold, dann die Wildnis

In San Francisco besteigt ein junger kräftiger Mann namens Jack einen Dampfer Richtung Alaska. Er ist nicht der einzige. Tausende von Männern machen sich in jenen Tagen auf in das Gebiet rund um den Klondike River, denn im Fluss wurde Gold gefunden. Ein Hoffnungsschimmer für das Heer der Arbeitslosen in den USA. Die Wirtschaft im Land hat sich nach zwei schweren Krisen noch immer nicht erholt. Auch der besagte Jack ist mittellos und leiht sich Geld für Reise und Ausrüstung bei seiner Schwester. Doch er gehört nicht zu den Gewinnern in Alaska. Ausbeute des Abenteuers: Goldstaub für fünf Dollar und eine Skorbuterkrankung durch Vitamin-C-Mangel. Wieder ist Schmalhans Küchenmeister. Aber während dieser Jack London nun erneut auf Gelegenheitsjobs wartet, schreibt er auf, was er in Alaska erlebt hat. Nach und nach kann er seine Erzählungen an Zeitungen verkaufen und wird berühmt. So wird Jack London doch noch reich durch den Goldrausch. Der Abenteuerschriftsteller verewigt ihn in seinem Roman »Ruf der Wildnis«.

**28. Juli 1907**

# Kaufanreiz Kaffeekränzchen

Auf einer kleinen Farm nahe der amerikanischen Ostküste wird Earl geboren. Schon als Kind hilft der Junge mit, die Einnahmen seiner Eltern mit verschiedenen Neuerungen aufzubessern. In den 1930er Jahren erhält der ehrgeizige Earl einen Arbeitsplatz in der Chemiefirma DuPont und lernt Polyethylen-Schlacke kennen, ein schwarzes Abfallprodukt der Ölraffinerien. Earl Tupper entwickelt einen Weg, die Schlacke in sauberen transparenten Kunststoff umzuwandeln. Er macht sich selbständig, fertigt zuerst Teile für Gasmasken. Nach 1945 sattelt Tupper auf Haushaltsprodukte um und entwickelt Behälter mit luft- und wasserdichtem Verschluss: Tupperware. Die Schüsseln verkaufen sich zunächst eher schlecht. 1948 aber trifft Tupper eine Frau namens Brownie Wise. Sie vertreibt Haushaltswaren mit ungewöhnlichem Erfolg. Ihr Geheimnis: Kundenkontakte durch Kaffeekränzchen. Wise und Tupper erfinden die Tupperparty. Dieses Direktvertriebssystem mit Schneeballeffekt wird von unzähligen Firmen kopiert und ist bis heute erfolgreich.

# Der Sieger ist unmenschlich

Kurz nach vier Uhr nachmittags hält das Publikum den Atem an: Der amtierende Schachweltmeister Gerry Kasparov gibt nach nur 19 Zügen auf. Die schnellste Niederlage, die Kasparov je einstecken muss. Der Sieger: Ein Computer. »Deep Blue« haben die Entwickler von IBM den Spezialrechner genannt, der das menschliche Schachgenie völlig demoralisiert. »Ich habe meinen Kampfgeist verloren«, sagt Kasparov, der über Jahrzehnte die Nummer eins der Schachspieler ist. Das kurze Match in New York City bildet den Endpunkt eines Turniers über mehrere Tage – und der Computer siegt auch in der Gesamtwertung. 200 Millionen Spielzüge pro Sekunde analysiert das Gerät von der Größe eines Kleiderschranks. Kasparov wirft IBM Betrug vor – er habe in den Zügen typisch menschliche Strategien erkannt. Beweisen kann er menschliches Eingreifen nicht, allerdings verweigert IBM eine Revanche und demontiert »Deep Blue«. Heute gilt als sicher, dass Weltklassespieler bald grundsätzlich nicht mehr gegen Computer bestehen können.

## 4. März 1877

# Fehlstart der Schwäne

Die Prinzessin der Schwäne und Siegfried ertränken sich im See, um der Macht Rothbarts zu entgehen. Ein tränenreiches Finale, trotzdem ist das Publikum im Moskauer Bolschoi-Theater nicht zufrieden. Sie haben soeben die Premiere des vielleicht berühmtesten Balletts überhaupt erlebt: Tschaikowskis »Schwanensee«. Bei der Erstaufführung deutet nichts darauf hin, dass dieses Werk Geschichte schreiben wird. Kulissen und Choreographie passen nicht zur Musik, die Musik passt nicht zum Stil der Primaballerina, die noch dazu nur Zweitbesetzung ist. Tschaikowski war genötigt worden, ganze Passagen immer wieder zu ändern. Dazu muss er dann Kritiken wie diese ertragen: »Die Musik ist zu laut, zu wagnerisch und zu symphonisch.« Trotzdem wird das Werk nicht abgesetzt, sondern in verschiedenen Versionen immer wieder aufgeführt – nach dem Motto: Wir spielen, bis es euch gefällt. Ein weiteres Mal wird deutlich: Künstlerische Geniestreiche werden oft erst viel später als solche wahrgenommen.

## 7. März 1971

## Mal doch mal ne Maus

Wer an diesem Vormittag in Deutschland den Fernseher einschaltet, stößt auf eine Sendung mit dem sperrigen Titel »Lach- und Sachgeschichten für Fernsehanfänger«. Kleine Bildergeschichten sind da zu sehen, aber auch Filme, in denen ein Mann erzählt, wie die Welt funktioniert. Das sind die Sachgeschichten, und der Mann heißt Armin Maiwald. Er hat zusammen mit zwei Kollegen vor mehr als 40 Jahren die Sendung erfunden. Den Titel »Die Sendung mit der Maus« erhalten die Lach- und Sachgeschichten erst knapp ein Jahr später. In etwa 100 Ländern wird die Sendung ausgestrahlt und mit Preisen überhäuft. Schöpferin der Maus an sich ist die Illustratorin Isolde Schmitt-Menzel. Sie findet die erste Geschichte, die sie mit einer Maus zeichnen soll, eigentlich langweilig. Doch die Zeichnerin hat eine Idee: Sie ersetzt das Mausgrau durch ein kräftiges Orange. Und das hat dann Spaß gemacht. Klingt komisch, ist aber so.

## 19. März 1848

# Wer schneller zieht, ist kürzer tot

Im Mittleren Westen der USA beginnt ein bemerkenswerter Lebenslauf. In der Kleinstadt Monmouth kommt Wyatt Earp zur Welt, einer von sechs Farmerssöhnen. Die Brüder lernen früh den Umgang mit der Waffe, vor allem durch den amerikanischen Bürgerkrieg. Das Leben des Revolverhelden Wyatt Earp beweist, dass der Ausdruck »Wilder Westen« seine Berechtigung hat. Earp wird eher der Gruppe der Gesetzeshüter zugerechnet als den Banditen, aber das ist nicht immer ganz eindeutig. Im Lauf der Jahre verdient er sein Geld als Postkutschenfahrer, Polizist, Büffeljäger, Spieler, Saloon-Betreiber, Schürfer, Boxrichter und US Deputy Marshal. Viele Aktivitäten überlappen sich, und es geht dabei nicht immer sauber zu. Earp selbst wird mehrfach angeklagt und verurteilt, oft während seiner Amtszeiten als Deputy. Im Alter gelangt Wyatt Earp nach Hollywood. Dort lernt er den jungen John Wayne kennen und wird dessen Rollenvorbild. Earp stirbt mit 80 Jahren – nicht im Kugelhagel, sondern an einer Erkrankung der Prostata.

# 7. Februar 1971

## Schweizer Frauen bekommen ihr Recht

Etwa zwei Drittel der Schweizer Wähler entscheiden sich für eine grundlegende Neuerung: Die Einführung des Frauenstimmrechts. Das Vorrecht der Männer, allein die Geschicke der Eidgenossenschaft zu lenken, war langlebig. Noch 1959 stimmen zwei Drittel der Schweizer Männer *gegen* das Frauenwahlrecht. Bei den deutschen Nachbarn dürfen Frauen seit 1918 wählen, ebenso in Österreich. Ende der 1960er Jahre schickt sich die Schweizer Regierung an, die Europäische Menschenrechtskonvention zu unterzeichnen – jedoch nur unter Ausschluss des Frauenwahlrechts. Die 68er-Bewegung ist aber auch an der Schweiz nicht spurlos vorübergegangen. Frauenverbände protestieren nun massiv, und so lenken die Männer ein. Nur nicht im Kanton Appenzell. Hier dürfen Frauen nicht seit 1971 wählen, sondern erst seit 1989.

## 28. Dezember 1879

# Tand, Tand ist das Gebilde von Menschenhand

Gegen Abend zieht an der schottischen Ostküste ein Sturm auf. Knapp zwei Jahre zuvor haben viktorianische Baumeister eine Eisenbahnbrücke aus Gusseisen vollendet, welche die Mündung des Flusses Tay überspannt. Sie ist mehr als drei Kilometer lang. An jenem Abend schreckt Alexander Maxwell auf, der nahe der Brücke wohnt. Der Sturm weht Teile seines Kamins herunter. Maxwell beobachtet sorgenvoll die Brücke, denn schon zuvor haben sich bei Sturm schwere Teile von ihr gelöst. Kurz nach 19 Uhr fährt der Postzug aus Edinburgh auf die Brücke über den Tay. Der Augenzeuge sieht funkenartige Lichtblitze, kurz bevor der Zug den höchsten Brückenteil erreicht, 20 Meter über dem Wasser. Dann nur noch Dunkelheit. Die Brücke ist teilweise eingestürzt, der Zug fällt in die Tiefe. 75 Menschen finden den Tod. Ursache des Unglücks: Baumängel und Windkräfte, die in der Konstruktion nicht berücksichtigt wurden. »Tand, Tand ist das Gebilde von Menschenhand«, dichtet Theodor Fontane wenig später über »Die Brück' am Tay«.

## 5. Oktober 1889

# Die Röcke fliegen in der Belle Époque

Der Ballsaal hat die Ausmaße eines großen Festzeltes, das Gartenrestaurant ziert ein gewaltiger Gips-Elefant. Über dem Eingang dieses neuen Vergnügungspalastes in Paris jedoch prangt eine große rote Windmühle: »Moulin Rouge« heißt das Etablissement im Vergnügungsviertel Montmartre, und die Röcke der leichtfüßigen Tänzerinnen fliegen so hoch wie nirgends sonst. Das Eröffnungsplakat lädt zum Ball, einem neuen Höhepunkt im nächtlichen Trubel der Belle Époque. Künstler wie Henri Toulouse-Lautrec genießen das leichte Leben. Der Maler und Grafiker gestaltet viele Plakate für das Moulin Rouge – und ist Dauergast in der schlüpfrigen Welt des Cancans. Dieser Tanz findet seinen Weg ursprünglich aus England in die Grande Nation, den Briten ist die Darbietung allerdings zu freizügig. Doch im Dämmerlicht rund um den Place Blanche riskieren Bürger und Bohème gern einen Blick auf reizvolle Damenunterwäsche. Seit der Gründung 1889 ist das Moulin Rouge Inbegriff des Tanz- und Varietévergnügens im Rotlichtviertel.

# 10. Oktober 1971

# Die London Bridge zieht um

Mit einer Parade und Feuerwerk wird die größte Antiquität der Welt gefeiert: Die ehrwürdige London Bridge, die einen Kilometer stromaufwärts der Tower Bridge die Themse überquert hat. *Hat* – denn die Brücke steht jetzt am Stausee Lake Havasu in der amerikanischen Mojave-Wüste. Der Kettensägenfabrikant Robert McCulloch kauft die Brücke als Touristenattraktion und lässt sie Stein für Stein an den See schaffen. Er greift zu, als die Stadt London die Brücke, Baujahr 1831, meistbietend versteigert, denn sie soll einem Neubau weichen. Ein 130.000 Tonnen schweres Schnäppchen für den Industriellen. Er hat am Lake Havasu – ein indianischer Name für »blaues Wasser« – eine komplette Stadt aus dem Boden gestampft, rund um seine Motorenwerke. Die Londoner Brücke wird dort mit einem Betonkern originalgetreu aufgebaut. Der Coup gelingt. Die London Bridge am Lake Havasu ist heute die zweite große Touristenattraktion Arizonas nach dem Grand Canyon und lockt seit 1971 Millionen Besucher in die Retortenstadt der Motorsägen.

# 7. September 1919

## Zigaretten machen Schule

Um halb elf Uhr vormittags finden sich die Gäste im Festsaal des Stuttgarter Stadtgartens ein. Die Zigarettenfabrik Waldorf-Astoria lädt zur Gründungsfeier einer Schule – der Waldorf-Schule, benannt nach der Fabrik. Firmenchef Emil Molt gehört der Anthroposophischen Bewegung an. Im Zentrum der Lehre Rudolf Steiners steht die Individualität des Menschen bei gleichzeitiger Einheit mit seiner Umgebung, der Natur und dem Kosmos. Daraus leitet Zigarettenfabrikant Molt die Verpflichtung ab, die Lebensbedingungen seiner Arbeiter zu verbessern. Die Belegschaft der Waldorf-Astoria-Fabrik regt eine Schule für ihre Kinder an, gute Bildung soll unabhängig vom sozialen Status möglich sein. Molt setzt die Idee mit privaten Geldmitteln um: Er kauft ein ehemaliges Ausflugsrestaurant auf der Uhlandshöhe über Stuttgart, stellt Lehrkräfte ein und überträgt Mentor Rudolf Steiner die Gesamtleitung. 256 Kinder werden ab 1919 in der ersten Waldorf-Schule unterrichtet – ohne Noten, dafür mit zusätzlichen Fächern wie Tanz, Buchbinden und Gartenbau.

# 22. September 1968

## Ramses entkommt dem Stausee

Mit einem Festakt feiern internationale Würdenträger in Ägypten eine beispiellose Rettungsaktion. Hinter den Rednern erhebt sich knapp 40 Meter hoch eines der gewaltigsten Zeugnisse des großen Pharaonenreiches: Der Ramses-Tempel von Abu Simbel, nahe der Grenze zum Sudan direkt am Nil gelegen. Der Sandsteinbau, errichtet um 1.200 vor Christus, droht in einem künstlichen See zu versinken, ebenso der benachbarte Nefertari-Tempel. Hunderte Kilometer weiter nördlich staut der gewaltige Assuan-Damm den Nil zur Stromerzeugung auf. Die Weltkulturorganisation UNESCO organisiert in letzter Minute die Rettung wichtiger historischer Stätten, die der Stausee bedroht. Um den Ramses-Tempel zu erhalten, wird er samt Innenleben von italienischen Experten in 1.036 tonnenschwere Teile zerlegt. 64 Meter weiter oben wird das Monument originalgetreu wieder aufgebaut. Von 1963 bis 1968 dauert es, bis erneut an zwei Tagen im Jahr die Sonne das Bildnis des Pharao Ramses in seinem Tempel erhellt, wie in über 3.000 Jahren davor.

# 23. September 1973

# Notrufnummern sind nicht selbstverständlich

Bundesregierung und Länder beschließen den sogenannten »Notruf 73«. Flächendeckend werden die Notrufnummern 110 und 112 geschaltet. Was heute selbstverständlich erscheint, muss von privaten Initiativen und Ärzten über Jahre erstritten werden. In den 1960er Jahren gibt es vor allem außerhalb großer Städte keine geordnete Notfallversorgung. Krankenwagen mit nur einem Fahrer taugen nur zur sogenannten »Rückspiegelrettung«: Während er zum nächsten Krankenhaus rast, beobachtet der Sanitäter das Unfallopfer hilflos im Rückspiegel. Ob und wann überhaupt ein Krankenwagen kommt, ist fraglich. Den achtjährigen Björn Steiger kostet dieser Missstand das Leben. Er wird 1969 angefahren. Da der Krankenwagen über eine Stunde auf sich warten lässt, stirbt der Junge am Schock. Seine Eltern gründen eine Stiftung und erstreiten mit Unterstützern den Aufbau einer Rettungskette. Heute, Jahrzehnte nach Einrichtung der Notfallnummern, vergehen maximal 15 Minuten vom Anruf bis zum Eintreffen des Notarztes.

# 28. August 1988

## Die Tragödie von Ramstein

Um 15:44 Uhr kollidieren und explodieren drei Düsenjets der italienischen Kunstflugstaffel »Frecce Tricolori« bei einem waghalsigen Flugmanöver. Eine der zerstörten Maschinen schleudert als Feuerball mitten ins Publikum. Menschen werden von Trümmerteilen getroffen, brennendes Kerosin ergießt sich auf die Opfer. Sie gehören zu über 300.000 Schaulustigen, die den Flugtag der US-Luftwaffenbasis Ramstein bei Kaiserslautern besuchen. Nach der Katastrophe herrscht Chaos. Deutsche Kanülen passen nicht an amerikanische Infusionsbeutel, Schwerstverletzte werden wie Mehlsäcke unversorgt in Busse und Hubschrauber geladen, weil US-Richtlinien das so vorschreiben. Notarztwagen kommen zunächst nicht an die vielen hundert Brandopfer heran, die Rettungsleitstellen sind überfordert. 70 Menschen sterben. Als Ursache gilt ein Pilotenfehler, aber es gibt einen seltsamen Zufall: Zwei der verstorbenen Unglückspiloten waren in ein Geheimdienstkomplott acht Jahre zuvor verwickelt und standen kurz vor einer Aussage.

## 13. Juli 1930

# Fußballriese Uruguay

Fahnenschwingend laufen 13 Nationalmannschaften im noch nicht ganz fertigen Estadio Centenario von Montevideo auf. Die erste Fußballweltmeisterschaft ist eröffnet – im südamerikanischen Uruguay. Nur vier Mannschaften reisen per Schiff aus Europa an: Belgien, Frankreich, Jugoslawien und Rumänien. Gut eine Woche dauert die Passage in ein zuvor kaum beachtetes Land, das durch Goldmedaillen bei den Olympischen Spielen 1924 und 1928 plötzlich im Mittelpunkt der Fußballwelt steht. Diese beiden großartigen Erfolge und reichliche Privatspenden bringen die erste WM nach Uruguay. In der Hauptstadt wird eigens ein nagelneues Stadion mit 100.000 Plätzen errichtet. Doch Dauerregen hat die Bauarbeiten verzögert, so ist der Platz nach der Eröffnung nicht bespielbar. Der Franzose Lucien Laurent schießt das erste WM-Tor der Geschichte gegen Mexiko daher im bescheidenen Estadio Pocitos, einem kleinen Vereinsplatz für nur 15.000 Zuschauer. Doch das Endspiel wird vor gigantischer Kulisse in der neuen Arena bestritten. Und wieder siegt Gastgeber Uruguay – mit einem furiosen 4:2 gegen Argentinien.

## 25. Juni 1950

# Korea versinkt im Krieg

Weniger als 100 Kilometer nördlich von Seoul bricht die Hölle los, die Korea auf Jahrzehnte verwüsten wird. Gegen vier Uhr morgens beschießt Nordkoreas Artillerie den Süden, die Volksarmee überschreitet die Grenze. Südkorea wird völlig überrumpelt. Die Teilung des Landes ist wie in Deutschland Resultat des Zweiten Weltkriegs. Japan hatte die koreanische Halbinsel besetzt, nach der Kapitulation zerfällt Korea in einen sowjetischen und einen amerikanischen Sektor. Nordkoreas Machthaber Kim Il-Sung überzeugt Russlands Diktator Stalin, den Süden gewaltsam in Besitz zu nehmen. Nordkoreas Armee war von seinen kommunistischen Nachbarn rasch aufgerüstet worden, der Süden kann dem Einmarsch zunächst nichts entgegensetzen. Ein Stellvertreterkrieg hat begonnen, Westmächte und Ostblock kämpfen in den Hügeln Koreas. Hunderttausende Bomben regnen auf Soldaten und Zivilbevölkerung gleichermaßen. Nach dem Waffenstillstand 1953 werden über zwei Millionen Tote betrauert. Ein Friedensvertrag existiert bis heute nicht, beide Seiten der neuen und alten Grenze starren vor Waffen und Soldaten.

# Ehret die Mutter!

In den Schaufenstern hängen Plakate mit der Aufschrift »Ehret die Mutter«. Gleich daneben einige Vorschläge, wie man die Mutter ehren könnte: Natürlich mit Blumen und allerlei Geschenkkarten. Der erste Muttertag in Deutschland hat einen rein kommerziellen Hintergrund. Die Floristen haben sich die Idee in den USA abgeschaut, dort läuft am zweiten Sonntag im Mai eine ähnliche Geschenkmaschinerie an. Das war jedoch nicht immer so. Eine engagierte Einwohnerin von West Virginia namens Anna Jarvis hat den Muttertag ursprünglich etabliert. Sie ehrt damit das Werk ihrer eigenen Mutter, die einst einen Verein zur Unterstützung bedürftiger Mütter gegründet hatte. Im amerikanischen Bürgerkrieg pflegt dieser Verein außerdem Verwundete beider Seiten. Die Tochter führt das Werk fort und erreicht, dass der Muttertag 1914 in den USA offizieller Feiertag wird. Anna Jarvis ist sehr unglücklich darüber, dass der Tag schon wenig später benutzt wird, um Mütter mit einer Ladung gekaufter Geschenke abzuspeisen. Wörtlich schreibt sie: »Du bringst deiner Mutter halt eine Schachtel Konfekt, und dann isst du das Meiste selbst. Na toll.«

## 24. Mai 1626

# Ein Holländer kauft Manhattan

An diesem Tag soll der Holländer Peter Minuit ein unverschämt gutes Geschäft gemacht haben: Eine günstig gelegene Insel in der Mündung des Hudson-Flusses geht angeblich für Waren im Wert von 60 Gulden in niederländischen Kolonialbesitz über. Wenn die Transaktion wirklich stattgefunden hat, steht sie in keinem Verhältnis zur Größe des Areals: Es umfasst beinahe 90 Quadratkilometer. Peter Minuit ist Gouverneur von Neu-Amsterdam, einem niederländischen Pelzhandelsposten in der Neuen Welt mit knapp 300 Einwohnern. Eine Handvoll Häuschen und eine Windmühle sind auf zeitgenössischen Bildern zu sehen. Neu-Amsterdam heißt 400 Jahre später New York City und hat acht Millionen Einwohner. Die Insel, die Peter Minuit den Algonkin-Indianern abgeschwatzt haben soll, nennen wir Manhattan. Immerhin dieser indianische Name erinnert noch an die einstigen Bewohner, er bedeutet »hügeliges Land«. Darauf wohnen die Neuholländer wie so viele Kolonisten auch schon vor dem angeblichen Landkauf 1626 – ohne die Ureinwohner um Erlaubnis zu bitten.

## 9. April 1865

## Verdorbene Milch macht Pasteur sauer

Der Chemiker Louis Pasteur legt in der Pariser Universität Sorbonne Ergebnisse vor, von denen wir noch heute profitieren: Er kann beweisen, dass Nahrungsmittel wie etwa Milch durch Temperaturbehandlung länger haltbar werden. Pasteur forscht seit einiger Zeit unter anderem an Wein. Er hat den Gärungsprozess untersucht und kommt zu dem Schluss, dass winzige Lebewesen die Ursache für diesen nützlichen Effekt sind. Pasteur zeigt auch: Wenn Lebensmittel verderben, ist ein ähnlicher Mechanismus im Spiel, ausgelöst von anderen Kleinstlebewesen. Seine Arbeiten bestätigen nicht nur altes Wissen über haltbare Speisen. Wissenschaftler begreifen nun, dass auch viele Krankheiten des Menschen von Bakterien verursacht werden. Vor Pasteurs Zeiten führen Chirurgen Eingriffe aus, ohne ihre Hände oder Werkzeuge zu waschen. Seit der Erfindung des Mikroskops dämmert zwar die Erkenntnis, dass es einen Mikrokosmos jenseits unserer Wahrnehmung gibt. Doch erst Pasteurs Forschung um das Jahr 1865 herum liefert Beweise. Die Hitzebehandlung von Lebensmitteln nennen wir nach ihm »Pasteurisieren«.

# 11. Februar 1816

## Der Herr der Plakate

In Berlin kommt der kleine Ernst zur Welt, Sohn eines Buchdruckers. Ernst Litfaß versucht sich als junger Mann zunächst in der Welt der Kunst. Unter dem Namen »Flodoardo« gründet er ein kleines Theater und bereist Europa. In London sieht er eine Erfindung des Briten George Samuel Harris: Achteckige Säulen voller Plakate, die auf Pferdewagen durch die Stadt gezogen werden. Zurück in Berlin übernimmt Ernst Litfaß die väterliche Druckerei. Er gibt Lyrikbände heraus, aber auch Zeitungen, die eine Reform der Monarchie fordern – und großformatige Anzeigenplakate. Litfaß erinnert sich schließlich an die Londoner Erfindung und wandelt sie ab. Er überzeugt die Berliner Behörden, überall in der Stadt feste runde Säulen für Plakate zu installieren. Litfaß erhält für zehn Jahre das Monopol – und zwar auf das Plakatieren der ganzen Stadt. Wer bisher wild irgendwo Zettel geklebt hatte, muss stattdessen nun Fläche auf der Litfaßsäule mieten. Die Stadt Berlin wird ordentlicher, Ernst Litfaß aber ein reicher Mann. Sein Konzept der Plakatsäulen überlebt weltweit bis zum heutigen Tag.

# 21. Februar 1875

## Methusalem ist eine Frau

Das osmanische Reich existiert noch, der Eiffelturm noch nicht. Das Telefon wird gerade erst erfunden, es gibt keine Autos, keine Flugzeuge. Aber es gibt Jeanne. Das Mädchen wird in Arles in Südfrankreich geboren, normale Kindheit, normale Jugend. Bis auf ein Detail: Als Jeanne 14 Jahre alt ist, begegnet ihr der Maler Vincent Van Gogh. Er kauft im Laden von Jeannes Bekannten Farbstifte. Eine Anekdote, die Jeanne 100 Jahre später immer noch gerne erzählt, mit der Zigarette in der Hand. Jeanne Calment hat das höchste Alter eines Menschen erreicht, das je nachgewiesen wurde: 122 Jahre. Mit 100 fährt sie noch Rad, das Rauchen gibt sie erst mit 117 auf. Sie vertilgt in der Woche zwei Pfund Schokolade und hält keinerlei spezielle Diät. Sie überlebt ihren Mann, ihre Tochter, ihren Enkel und ihren Vermieter um viele Jahrzehnte. Eine gesegnete medizinische Ausnahme, zumal Jeanne Calment bis ins biblische Alter weitgehend gesund bleibt, vor allem geistig. Bis zu ihrem friedlichen Tod 1997 scherzt sie: »Ich habe in meinem Leben nur eine einzige Falte gehabt, und auf der sitze ich.«

# 6. Januar 1822

# Der lange Weg nach Troja

Im kleinen Ort Neubukow, Landkreis Rostock, hält der evangelische Pastor Ernst Schliemann sein fünftes Kind im Arm. Heinrich wird später das antike Troja ausgraben und dort den legendären Schatz des Priamos finden. Doch der Weg zu diesem Triumph ist lang: Heinrich beginnt eine Kaufmannslehre, kann sie krankheitsbedingt aber nicht abschließen. Er verarmt, will auswandern, doch das Segelschiff strandet in Holland. Schliemann muss sein Brot als Lagerarbeiter verdienen. Eine herausragende Fähigkeit wird sein Leben jedoch entscheidend voranbringen: Heinrich ist extrem sprachbegabt. Er bringt sich insgesamt über zehn Fremdsprachen selbst bei, darunter Russisch. Als sein Arbeitgeber, ein Handelshaus, Schliemann ins Zarenreich entsendet, wird aus dem einst bitterarmen kranken Hilfsarbeiter ein extrem erfolgreicher Geschäftsmann. Mit 42 Jahren ist er finanziell unabhängig, steigt aus dem Wirtschaftsleben aus und widmet sich seiner Leidenschaft: der Erforschung der Antike. Schliemanns Ausgrabungen öffnen den Weg zur systematischen Untersuchung der Altertümer rund um das Mittelmeer.

Autor: Hartmut Grawe
Einbandgestaltung, Satz und Layout: agenten.und.freunde, München,
www.a-u-f.de
Lektorat: Gerhard Grubbe
Druck: MDV Maristen Druck & Verlag

ISBN: 978-3-942194-19-8

Bibliografische Information der Deutschen Nationalbibliothek:
Die Deutsche Nationalbibliothek verzeichnet diese Publikation
in der Deutschen Nationalbibliografie; detaillierte bibliografische
Daten sind im Internet unter www.dnb.de abrufbar.

Auch als E-Book erhältlich.

Klimaneutral gedruckt mit Ökofarben auf Schleipen-Werkdruck 1,5,
FSC Mix 50 %.